后浪

[日]藤原和博 著
FUJIHARAKAZUHIRO
徐晗 译

35岁不焦虑手册

跨越35岁职场门槛的底层逻辑

民主与建设出版社
·北京·

前　言

这本书里写的全是我的真心话。因此，我想真心诚意地问读者一个问题：“你是否也像我一样，感到身边就没有一个像样的成年人？”

是的，我们生活在一个没有楷模的时代。

我认为，人生的美妙之处就是在四十多岁找到自己的人生目标，并一步步将梦想变为现实。如果你也认可这一想法，那么此前的人生经历就可以当作在商学院的学习之旅。

就像养花，花想要绽放就需要充分吸收营养。人想要活得精彩也是一样，要积累技能，获得必要的人脉并建立社会网络，同时尽可能地打好经济和家庭基础，使日后能够自由行动。

35 岁，离人生的高光时刻到来只有几年时间了，是该认真准备了。如果还差什么要素，就需要尽快弥补，这样才能更成为自己理想中的样子。

想到这里，我的思绪突然戛然而止。我想不出理想中的自己是什么样。看遍身边的人，我都找不出一个未来时代的楷模。相反，我周围倒都是一些“我不想成为”的人！

例如，你身边有以下10类人吗？我这样写，搞不好会被骂。但我相信，希望找到新时代的成年人楷模的读者会点头同意。

1. 逢年过节就不厌其烦地给自己领导送礼的上司（这些人没有资格抱怨向政治家行贿的人）。

2. 经常在爱心座椅附近使用手机的人（这些人没有资格谈论儿童的教养）。

3. 以奔驰车的级别或劳力士的型号衡量别人的人（这些人没有资格谈论性格和尊严）。

4. 总是根据米其林评分预订餐厅的人（这些人没有资格评论日本料理的色香味）。

5. 人云亦云，把电视评论员的话当成自己的观点的人（这些人没有资格讨论思考能力）。

6. 果断把自己的儿子和女儿送到私立小学和中学的教育专家们（这些教育专家没有资格抱怨公共教育）。

7. 整天用抗菌产品，吃保健品的人（这些人没有资格谈论身心健康）。

8. 因为讨厌早起而不愿从事农业或护理工作的人（不该给这些人提供失业补贴）。

9. 自以为给学校支付午餐费用就不让孩子在饭前按照礼仪说“我开动了！”的人（这些愚昧的父母没资格谈论感恩之心）。

10. 认为乐观思维可以解决一切问题的人（这些应声虫不了解人生的喜怒哀乐，不了解生老病死）。

这些都是居住在日本这个正在发展中的社会人的典型代表。

如果在一个好的时代，人们也许可以停止思考，跟随社会进步，顺其自然地发展。

如果在一个充满变革的时代，一个人能够识别出“不对，有问题”的直觉是最重要的。即使没有哪个政治领袖喊出“全员改变！”的口号，你的直觉也要敲响警钟。这是在从成长型社会进入成熟型社会时响起的警钟。

当时代的规则发生变化时，我们的应对方式也必须随之改变

支配我们人生的生活规则已经改变了。这是因为社会已经

从成长型社会走向成熟型社会。

它开始于 1998 年左右，我们现在仍处于过渡阶段；到 21 世纪 20 年代中期，也许每个人都会意识到："哦，我们已经进入成熟型社会了。"

成熟型社会的特征不仅仅是老年人多，正如我还会在本书中多次提到的，它还是一个"多样的、复杂和快速变化"的社会。

规则发生了哪些变化呢？

这种规则变化就像从棒球时代到了足球时代。棒球没有时间限制（当然比赛时间过长也会有暂停）。进攻方和防守方依次轮换，第三方，也就是裁判来决定得分或出局。棒球最大的特点就是球员的位置固定，除了投手和代跑，基本上没有其他变化。投手就是投手，游击手就是游击手，击球手就是击球手。这就是为什么在高中棒球比赛中，通常都是由领队安排大家的位置。可以说，棒球是一种有"正确答案"的游戏。

足球则不同。足球是有时间限制的。你可以在一定的时间内随意带球或传球，次数不限。进攻和防守同时发生（有时进攻就是最好的防守），裁判只负责判断犯规，其余的就全靠球场上的队员完成。

足球的主要特点是，除了守门员之外，角色不是那么固定，每个球员都能独自做出自己的决定，并根据情况灵活应对。

尽管足球规则比棒球简单得多（足球的规则就是把球踢进对方的球门），但由于每个足球队员扮演不同的角色，因此需要良好的团队合作才能完成进球。球场上的节奏就像是嘻哈音乐，这让足球成为一种“调整主义”游戏，即队员需要在游戏中边行动边纠正。

既然游戏规则已经改变，我们的应对方式也必须改变。

这本书就是关于如何适应新的游戏规则的教科书。

应该更新对财产和资产的观念

最大的变化可能是人们对于财产和资产的观念。在老式的人生指南书籍中，财产往往只指房地产和股票。

然而，真正重要的变化（与前一个时代的成长型社会有根本性的不同）有以下两点：债务和时间。

没有债务也是一种资产

首先，让我们来谈谈债务问题。

在成长型社会中（尤其是在泡沫时期），债务是个人信用的度量衡。所以，有人甚至说：“一个人的债务越多，信用就越好。”公司则不同，股票市场会检查它们的资产负债表，因此公司不用靠借债提升信用。

然而，在成熟型社会中，蛋糕没有变大，没有债务的人更了不起。

这是因为在一个多元化、复杂和快速变化的成熟社会中，只要你有负债，公司就掌握了利用你的把柄。在与公司打交道时，无债一身轻的状态也是比较有利的。如果你办理了长期抵押贷款，你就无法潇洒地说一句“好吧，我不干了！”然后把辞职信拍在领导办公桌上吧。

大手大脚，依赖信用卡过日子的人都应该尽快咨询顾问，想方设法减少自己的债务。让自尊见鬼去吧！低价处理自己的物品，放弃不应有的消费，把债务控制到力所能及的范围，这些事情刻不容缓。

从现在开始，如果你要借东西，我建议你借智慧而不是钱。在成熟型社会中，最宝贵的资产是可以借用智慧的社会网络。

购买时间

接下来，我想谈论一下时间这种资产。

当我还是和田中学的校长时，我每天早上坐公交车通勤，回家则打出租车。出租车费单程大约是 1000 日元，所以我计算了一下，一年 200 天，我每年光出租车费就花了 20 万日元，5 年下来花了 100 万日元。

当我说起这件事时，其他校长都感到很惊讶，他们认为这是一种难以置信的浪费。

对我来说，比起沮丧地等待一辆不知道什么时候到来的公交车（上班坐的公交车在始发站，出发的时间是固定的。回家的公交车时间则不固定，而且车站附近很黑），坐出租车快点回家是更好的投资，不是浪费钱。

假设一位校长的年薪为 1000 万日元，一年总的工作时间是 2400 小时（从早上 7 点到晚上 7 点，每天工作 12 小时，一年工作 200 天），那么校长的时薪略高于 4000 日元（1000 万日元 ÷2400 小时）。

对于一个时薪 4000 日元的人来说，15 分钟的工作价值为 1000 日元。因此，乘坐出租车回家花费 1000 日元，比多等 15 分钟公共汽车要好。

这是正确的投资，因为它让我有更多可以自由支配的时间。

与家人相处的时间价值，也可以用这种方式思考。

如果你在竞争激烈的商业世界中成为销售专家，有创立新企业的经验，并能说流利的英语，那么，你可能会得到 1 亿日元的年薪，并担任一家外资公司的高级主管。（事实上，在我 40 岁的时候从欧洲回来加入利库路特公司之前，我就有数千万日元的年薪，外加一套豪华公寓和公司配车。）

但当时，我每年的总工作时间达到3000多个小时（每天10小时 ×300多天）。如果按照上文的计算方法，即使年收入为3000万日元，每小时的工资仍低于1万日元。（顺便说一下，律师、医生和顾问等一流专家的时薪在3万至8万日元之间。）

此外，如果你是一个大部门的负责人，你必须从早忙到晚并且要管理部下，所以身体垮掉或精神崩溃的风险极大。上了年纪的人做这些事情，风险比20多岁不到35岁的人做同样的事情要大得多。

所以我这样想：

如果卖掉一年的时间，我可以赚到1500万日元。但是，（1）我想为了提升自己，参加文化活动，还想读书；（2）我还要为家庭考虑，分配好工作以及与家人吃饭聊天的时间。例如，我想参加孩子就读的学校的教育活动（星期六的补习班、课外班、图书馆志愿者工作等，区域学校合作总部已在日本各地建立了1万多个这种活动点）。

在原本用于工作的3000个小时中，我把三分之一（1000个小时）投入我的核心工作中，剩下的三分之二（2000个小时）战略性地投入其他方面。

即使别人认为这是异想天开，我也无须在意。

在变革时期，社会正从“大家一样”转向“各自精彩”，我们不应害怕被孤立。

我们应该从“好孩子”的诅咒中挣脱出来。

如果你在一年中工作1000小时（10小时 ×100天 = 1000小时），你从组织获得的工资最高就是500万日元。

（即使你能挣到比这更多的钱，也不要再挣了。对，就用这种像是开玩笑的“超”骄傲的态度）把剩下的2000小时投资于（1）自己（2）家庭和社区。

做出这种选择，不是因为被媒体蛊惑，追求完善自我、自我牺牲或对家庭的无私奉献，而是一种心甘情愿的对自己未来的投资。这种选择最终不仅丰富了自己，也会变成包括家庭在内的社区的宝贵资产。

本书后文将会详细讨论，如果你连续10年专注于某个领域，就能够积累成为该领域专家所需的1万个小时的练习时间。

如果你专注于（1）投资自己，那么就可能已经出版一本书，或成为赚到500万或1000万日元的咨询师。如果你专注于（2）家庭和社区，你可以在当地创业，成为一名社会企业家，或者像我一样，成为一名公立学校的外聘校长。即便不是如此，你也可以围绕当地学校营造一个愿意住一辈子、感觉良好的社区。当然，你和伴侣可以在晚年谈论的回忆会有很多，孩子们也能感受你来到这个世界留下的鲜明痕迹。甚至，你也许可以在社区中创立起一个家族企业。

读完这本书后，你应该具备了灵活应对多样性、复杂性的头脑。

最重要的是，我希望你走出寻找正确答案的魔咒以及相信“船到桥头自然直”这种看似洒脱但实际很欠斟酌的误区。

我祝愿你在名为人生的航程中好运连连。

目　录

第 1 部分

为什么需要人生战略

01 从“大家一样”的时代到“各自精彩”的时代

组织的囚徒还是生活的主角?

你打算余生一直当组织的囚徒还是做自己生活的主角?

这种表达方式可能有些激烈，但这正是我想问读者的问题。

我希望人们能够作为独立的个体，设计和规划自己的生活，过上富有创造性的生活，而不是被埋没在组织里。这几乎是我在本书中试图从各个角度论证的唯一信息。

千万不要把你的一生都当作某人（或某物）的附属。我们已经到了一个新时代，单纯地随波逐流无法让你享受到生活的幸福。

当我这样说时，许多人说："我不是一名囚徒。我虽然属于一个组织，但我根据自由意志和自己的价值观生活。"

有一件事你需要停下来仔细思考一下。

你真的自由吗？

你是否过着自己的生活，讲述着自己独特的故事？

事实上，我也曾是组织的囚徒之一，还曾是一名模范囚徒。

我年轻时，从清晨一直工作到午夜，甚至不会午睡。即使在我成为经理之后，我仍然努力工作，创造成果并以此为乐。我还不得不投入大量时间招待客户、评估下属以及参加内部会议。

有两个诱因使我对这样的生活产生了怀疑。

一个是疾病：就在我快要 31 岁时，我被诊断出患有梅尼埃病，这种疾病会让我突然感到头晕和恶心。这是一种因压力太大造成的身心疾病，我花了五年时间才完全康复。

在此之前，我从未想过自己是一个完全依附于组织的人。我理所当然地认为，我努力工作，努力玩耍，毫不怀疑这是理想的生活方式。

然而，身体不会说谎。患病后，我不得不改变我的生活方式，无论是公开的还是私下的。一路走来，我的价值观一点一点地改变了。

另一个是在伦敦和巴黎两年半的生活经历。特别是在巴黎，我接触到了法国人的生活方式，他们更重视生活和人际关系，而不是组织。我受到了他们“艺术生活方式”的强烈影响。

“我是否在像他们一样享受生活？”

“我们是不是落入了一个可怕的悖论——越是作为组织里的一员努力工作，越让自己在组织之外成为一个无用之人？”

我开始认真思考这个问题。

当时，我对日本社会和组织的问题以及由此导致的现象的认识还不全面。况且，当时也很少有人完全理解问题的本质。

然而，最近，当我和所有年龄段以及形形色色的人交流之后，我突然找到了问题的关键。

我清楚地意识到：“时代的潮流正在发生巨大的转变，我长期以来一直在问自己的问题已经成为所有职场人士普遍面临的问题。”

我想：“我先一步的亲身体验和深思熟虑的想法，或许可以为许多正在经历混乱的人提供一些提示。”

这些想法是我写这本书的动力。

我想再次郑重地问你：

“你打算作为一名组织的囚徒度过余生，还是想成为自己生活的主角？”

我打算分享一系列思考，以便每个读者在读完这本书后，都能对这个基本问题得出明确的答案。

请放心。颠覆自己的固有价值观，规划新的人生航程，这是令人兴奋和愉快的智力冒险。

首先，我不会给你这些问题的“正确答案”。即使我真的提供了答案，如果你盲目相信它们，你仍然还是一名“精神囚徒”。

请以“我们各自生活的主角”的身份和我一对一交流。有时，请把书放在旁边，试着对书中的一些问题自问自答。

这是一段对话之旅，会伴随着自由和兴奋，就像即兴创作。

你的脑海中会涌现出什么想法？

现在是开始的时候了。

从成长型社会到成熟型社会的剧变

时代正在发生剧变。

我无须告诉你这些道理，每个人都在日常生活中亲身经历着这些变化。

那么究竟是什么发生了变化？我们正面临什么样的结构性

转变？我经常向每个遇到的人问这些问题。

“日本面临的最大问题是出生率下降和人口老龄化。”

“今天，资本主义正处于停滞状态。”

“‘食草男[①]’和‘食肉女[②]’的数量正在以惊人的速度增加。”

“环境问题。我们不能再等了。”

“打败官僚主义和权力下放才是关键。”

嗯，以上所有这些意见都反映当前时代的问题。然而，如果你问我：“这些表面现象背后的变化是什么？”

我会这样回答：

“大家一样”→“各自精彩”

这对应着“成长型社会”到“成熟的社会”的社会变化趋势。

在第二次世界大战中战败后，日本人民站在饱受战争摧残的街头巷尾满怀雄心壮志：“让我们用自己的方式重建这个国家。”整个国家在同一目标下团结一致，这激发了巨大的力量。

当时，日本遇到了许多幸运的巧合。例如，朝鲜战争带来大量特需采购。在国防方面，美国的保护伞让日本不必花费巨

① 多指友善温和、腼腆害羞，在感情和人际关系中较被动的男性。（译者注）
② 多指热情大方，在感情中主动出击的女性。（译者注）

额的军费，这些钱可以用于经济发展。

由于日本人喜欢储蓄，他们还能将储蓄和养老金以政府投资和贷款的形式投入基础设施建设。战后日本经济的复苏可以说是惊人的，也被称为“东洋奇迹”。

20 世纪 80 年代，日本的经济实力达到顶峰：1987 年，日元大幅升值，日本以美元计算的人均收入超过了美国；到 1988 年底，按市值计算的世界 100 家最大的公司中有 51 家是日本公司，其中，前 20 家中有 18 家是日本公司。这是一骑绝尘的胜利。

1989 年，三菱地产收购了位于曼哈顿的洛克菲勒中心，该大楼曾是美国经济繁荣的象征。也是在这个时候，日本公司相继购买了蒂芙尼大楼、埃克森公司大楼和美国广播公司大楼等著名建筑。

世界别无选择，只能承认日本的经济成就。美国哈佛大学的傅高义教授撰写的《日本第一》引起了人们的关注，全世界都在研究日本的社会和企业，说他们应该向日本学习。别人的认可使日本人相信“大家一样”的战略是正确的。

在这个快速成长的时期，中产阶级意识在全国蔓延，日本也建成了“一亿人中产”的社会。战后经历过贫困，没有东西吃的人，他们的生活水平很快就得到很大提高，社会整体来说变得富裕起来。

这种“大家一样”实际上是战后日本的一个隐藏关键词。在一个成长型社会中，生活规划有一个标准模板，那就是相信“和大家一样”。

如果你上了一所好的高中，考上一所好的大学，你应该很高兴，因为你可以在一家顶级公司找到工作。如果你加入一家公司，你的工资和职位自然会随着资历的增加而上升。

你不必担心被解雇，因为你有终身雇佣的保障。作为代价，你要保有为公司奉献终身的觉悟。即使公司的做事方法有点不合理，你也要坚持下去。你的意见也不重要，因为枪打出头鸟，你必须保持低调。你可以在郊区建起自己的房子，在花园里养一条狗，退休后再种种盆景树。

可以说，这就是“成长型社会”典型的生活规划。它是如此刻板，以至当你真的写下它，会让你傻笑。但许多人都相信这种成功的故事，这也是不争的事实。

当然，也有一些人在考试大战中落败，或在晋升竞争中失利。但从宏观角度来看，只要顺应“大家一样”的趋势就可以。整个社会都在发展，你只要上了车，就能到达你的目的地或接近目的地的地方。

但现代社会呢？看看你的周围。是否还有一个让所有人都满意的成功模式？不幸的是，没有人描述它，也没有人为它铺设轨道。

我们已经处在一个新的时代，每个人都要根据自己的价值观追求属于自己的幸福。

从“大家一样”到“各自精彩”，社会已经发生了巨大的转变，这一转变的速度非常快。这就是现代社会。

追求物质的高速成长期

在过去的几年里，社会各界，包括公司、学校和家庭，都在反复提及“梦想”这个关键词。你可以说这个词“走红”了。

大多数论调都是：“人们应该有梦想并为之而活。”

我认为这是一个很好的观点，但人们之所以如此高调地宣传它，恰好说明现代人，尤其是年轻人并没有梦想。

如果把怀着梦想的年轻企业家视为正面典型，那么啃老族、自由职业者和其他无法拥有梦想的人显然就会成为反面典型。确实，现代是一个很难有梦想的年代。

在成长型社会，描绘梦想是很容易的。人们可以期待使他们快乐的新事物。他们只需瞄准目标就能得到，周围的人也做着同样的梦。

最典型的例子是家用电器。从20世纪50年代末开始，新的电器陆续进入家庭，如电话、黑白电视、电冰箱、洗衣机和吸尘器。

随后，在 20 世纪 60 年代中期的伊奘诺景气[①]，彩色电视（Color television）、空调（Cooler）和汽车（Car）并称为“3C”耐用消费品，拥有这三样东西是中产家庭的标志。在那个时代，全体国民都能通过购买东西，感受到自己的生活蒸蒸日上。

在最近一次谈话中，剧作家兼导演平田织佐先生这样描述那个时代：

“当电饭煲进入家庭后，家庭主妇的睡眠时间增加了一个小时。冰箱的到来，也让食物中毒在日本家庭中消失了。洗衣机让日本家庭主妇的手不再红肿。在一个持续成长的社会中，物质理所当然地使人们更加幸福。”

彩色电视比黑白电视好，空调让生活更舒适，拥有自己的汽车使外出更容易。这些价值观被所有人接受。

每个人都很高兴，所以他们努力工作，然后购买东西。消费强劲，所以公司（特别是那些制造商品的公司）的业绩就会提高，这反过来又提高了工资。这种良性循环让日本经济规模不断扩张。

然而，物质也有不再能让人们快乐的一天。

日本的普通家庭中充斥着家用电器。商品化和模块化降低

---

① 战后日本的经济周期最初由日本政府的经济企划厅（现属内阁府）进行命名。命名多采用日本神话和历史典故词汇，赋予经济周期文化内涵。伊奘诺景气以创造日本群岛的神祇伊奘诺命名，寓意经济的创造与发展。（译者注）

了商品的价格，相对于收入而言，这些商品更加便宜。当然，每个行业都有奢侈品，但在日本，因为工资低而买不起电视的家庭可能是极少数。

一旦家里装满了“大家都有的东西”，人们就将重点转向了新产品。人们继续购买有新功能和新设计的产品。

然而，购买也有一个限度。人们已经厌倦了购买一个又一个新产品。虽然新产品会升级新功能，但现在的物品已经无法让我们高兴。这种现象都集中体现在平田先生的问题中：“现在，你的电视薄了5厘米，你高兴吗？”

新产品可能很方便、很酷，但它们永远不可能再让人满意。相反，它们还会让人们产生“再也不想被物品占据”的想法。“对每个人都适用的正确答案”正变得越来越可疑。

一直由商品支撑的日本经济，在经历了20世纪80年代的繁荣期后，也在90年代开始出现放缓的迹象。很明显，以前的势头只是繁荣的假象，而90年代中后期泡沫经济破灭给地方经济蒙上了浓厚的阴影。

虽然有几段波折，如石油冲击，但在此之前，大多数日本人都认为经济会一直成长。这就是为什么土地价格的上涨超过了现实需求。然而，“永远成长的经济”不过是打着迷信烙印的“神话”。

在高速成长期，许多父亲将自己的精力投入公司，顾不上自己的家庭。他们牺牲了自己的假期和休闲时间，为公司发展作出贡献。在一个终身雇佣和按资排辈的体系中，你工作得越多，收获就越多。

这种制度诞生的背景是日本的经济发展需求，这种制度本身在当时也被认为是一个奇迹。尽管世界嘲笑我们是“经济动物”和“工蜂”，但我们从未怀疑过经济增长是让日本在世界上引以为豪的领域。

妻子和孩子也相信这个故事。当然，他们并非没有“丝毫怀疑”。不过，升职和随之而来的加薪还是很吸引人，它让生活更滋润，允许家庭购买更多商品。而他们周围的人也享受着同样的幸福。

执迷不悟的团块世代[①]和冷漠的中小学生

然而，随着 20 世纪 90 年代日本经济开始陷入衰退，职场人和他们的家庭失去了对经济发展的精神信念。“大家一起努力工作，一起搞好日本经济”，这一计划已经崩溃了。

孩子对这一事实最为敏感。最近经常听到这样的论调：“现在的小学生和初中生都很冷漠。”这并不奇怪。即使孩子们

① 专指日本在 1947 年到 1949 年出生的人，他们构成了日本“二战”后第一次婴儿潮，也是日本经济腾飞的主力。

也会像以前一样高呼："全社会和全体国民团结起来，让明天比昨天更美好。"但他们明白，那不过像是狂欢节的幻想。他们显得很清醒也很自然。

他们已经清楚地意识到，他们无法相信别人编造出来的故事。失去精神支柱让人很痛苦，人必须变得坚忍，就不得不变得冷漠。

对于这些孩子来说，我的话是理所当然的。另一方面，已经结束工薪生涯的白发一代，则很难理解这种变化。他们在"大家一样"的指引下取得了一定的成功，现在也不想改变自己的价值观。恕我冒昧，老一辈人不需要明确的人生战略，因为他们不得不跟随大趋势生活。

然而，对于生活在未来的人来说，情况并非如此。

在新的时代，我们必须用新的战略对待我们的生活。这就是"各自精彩"时代的生活方式。

"多样化""复杂化"和加剧的"变化"

在一个成熟的社会中会发生什么？

人们常说，成熟的社会是一个人口老龄化和老年人数量增加的社会。诚然，老龄化是成熟社会的一个方面，但最明显的特征是：社会变得多样化，社会系统变得更加复杂，变化更加迅速。

（1）多样化。

（2）复杂化。

（3）变化。

是成熟社会的三个关键词。

在日本，成长型社会已经结束，“大家一样”的局面已经开始出现裂痕。最明显的是贫富分化，1 亿中产阶层正在瓦解。

不平等增加了“贫困层扩大”等社会问题的风险，这需要政治力量充分发挥作用，扩大社会保障网络。

然而，也不能一概而论，说这种趋势不好，因为裂变的不仅是经济。多样化、复杂化和变化不仅在纵向发生，而且发生在从前到后、从左到右的所有方向。

例如，我上小学时，唯一能在世界舞台上竞争的足球运动员是釜本邦茂。但现在呢？日本球员在世界各地的俱乐部中踢球。棒球也是如此，在以前，难以想象日本球员能在美国职业棒球大联盟中表现得如此出色。

变化不仅体现在体育领域。现在，在源自西方的音乐和乐器领域，如钢琴和小提琴，日本也正在诞生世界一流的艺术家；在古典芭蕾舞方面，日本也有在欧洲走在前列的舞蹈家。活跃在各个领域的日本人，显示出他们的独创性，数量也正在稳步增加。

这是我们已经进入成熟社会的一个证据。因为“大家一样”的价值体系，即“学习最好的孩子就是最棒的”这种观念已经崩溃了，越来越多的孩子投身于他们喜欢和擅长的事情。在新时代里，这些人比那些毕业于一流大学和在一流公司工作的人更受尊重和敬佩。

人们的价值观正变得多样化和更加复杂，变化速度比以往任何时候都快。当然，过去的成功模式就失效了。

“用退休的钱买一套独栋住房是人生的幸福。这是正确的生活方式。”诸如此类的说法已经没有任何说服力。

如果是在一个成长型社会，你看着父母努力工作的背影，按老师的要求完成学业，就可以过上体面的生活。你可能和你的父母一样幸福，甚至比他们更幸福。

然而，现在我们已经进入一个成熟型社会，这种情况已经完全改变。即使你的目标是过和你父母一样的生活，也不一定意味着你能体会到父母体会的那种幸福。

相反，对于那些想过高度创造性的生活的人来说，这是一个更轻松的时代。因为即使是以前被贴上“玩世不恭”或“误入歧途”标签的领域和生活方式，由于价值观变得更加多样化，现在也很有可能让人羡慕。

我们会哀叹成熟型社会的多样化、复杂化和变化，还是会享受它？

你会选择哪种生活方式？

02　把宗教当作工具

为什么日本没有宗教社群？

在日本，宗教很难大张旗鼓地传播。日本唯一的本土宗教应该是“神道”。自古以来，日本就崇拜寄居在万事万物中的“八百万神”。

“神道”本是一个简单的宗教，它没有明确的教义和经典，一直是人们生活的一部分，所以它在团结大众方面能够发挥的作用一直很薄弱。从明治时代到太平洋战争结束，神道曾以“国家神道”的形式被国家利用，日本民众不再认同神道是“我们的宗教”。

基督教也从未在日本扎根。事实上，尽管450多年的传教活动投入了大量的财政和人力，日本的基督教信徒甚至不超过总人口的1%。

然而，在成长型社会时代，曾经有一种“大家一样”的信仰，它表现为“今天会比昨天好”的幻觉。有时，简单一句“加油干加油干!”，就像咒语一般，能够把信徒的热情点燃。“加油干”就像一种宗教，每个人都相信它，因此每个人都不会感到孤独或焦虑。

然而，如今我们正处于一个“各自精彩”的时代，在这个时代里很多人感到非常焦虑。从我观察到，从“各自精彩”的种种迹象在日本正式显现开始算起，已经有20多年了。我也感觉到，许多人现在强烈地想要寻求“心灵的港湾”。

那么，我们应该靠什么生活？在日本，我们不能团结在古老的宗教之下。神道很难走到台前，而佛教则更关注人死后的事情，对人的“生”则不那么关心。正在崛起的新兴宗教正在填补人们信念的空缺，但是，这还远远不够。

人们希望属于某个群体。例如，有一些扎根当地的团体，让身处其中的老年人感觉自己像长兄长姐一样，并且负责组织每年的夏季节日。走在家附近的一条商业街上，熟识的杂货店婆婆会向你打招呼。如果你被欺负，卖鱼的大叔会为你打抱不平。这样的社区对人们来说是必要的。

在已经进入成熟型社会的欧洲，以教会为基础的社区和产业界各司其职。教会成为连接个人和社会的中介。一位法国朋友曾告诉我这样一个故事：

“大多数法国人都是基督徒，但随着年龄的增长，除非参加婚礼和葬礼他们不再去教堂。但是当他们有了孩子之后，他们会重新每周都去教堂，因为他们需要一个家庭和工作之外的中间场所。”

那么，在日本，什么东西扮演着类似教会的角色？在过去，我还可以勉强回答是“公司”。然而，现在公司不再是一个可以永久停留的中间场所。

当我环顾当代日本，在我看来，智能手机扮演着中间场所的角色。街上行走的人，咖啡馆休息的人，坐火车的人……日常生活中，大多数人都在摆弄自己的智能手机，就像婴儿对奶嘴所做的一样。

由此可见，现代日本人多么希望与他人联系在一起，我这么说，不只是在谈论约会网站。“独自一人”让人感到恐惧，让人迫切希望和谁在一起。不过，他们不是直接和活生生的人当面交流，而是通过智能手机进行交流。

另一个中间场所是名牌。古驰或爱马仕等名牌商品成为加入某些团体的入场券。我把名牌称为“制服”。简而言之，和别人拥有同样的东西才会感到安全。即使古驰、爱马仕过时了，“环保生活”和“民宿生活”等新的社群也会层出不穷。

请别误解，我不是想说宗教是好的，而智能手机和名牌产品是坏的。我只是在描述一个事实，即其他社群正在承担宗教发挥的作用。

如果你只是盲目地相信宗教，那么宗教也很危险，更不用说奥姆真理教这种邪教了。如果你不知不觉地沉迷其中，也可能酿成悲剧。同样，我不希望人们沉浸在智能手机、名牌、互联网或电视中，忽略了这些东西其实扮演着社群的角色。因为那样就像吸毒一样。

成为社群的一员是有益的，社群会让你的精神保持平衡，这可能是当代日本的一个重要的生活智慧。

事实上，进入“各自精彩”的时代，每个人都会感到恐惧，因此需要掌握控制这种恐惧的技能。皈依宗教是一种方式，加入一个社群或自己创建一个新的社群也是一种方式。学会战胜自己的恐惧是人生战略的一个重要课题。

我们需要能够把宗教和其他宗教性的事物当作一种工具。

不需要战略的时代

在成长型社会，没有必要过多考虑个人和群体之间的关系。这是因为国家制度本身就设计好了二者的关系。

完成义务教育后，人们自然被鼓励进入下一个群体，比如，“至少要高中毕业”或“现在每个人都在上大学”。

“大学毕业后，必须以应届生的身份入职”的想法也是常识。如果像欧洲一样，要在全年对应聘者进行面试并逐一评估他们的能力，这将花费大量的资金。对公司来说，统一招聘应届毕业生是比较方便的。这种安排对产业界和个人来说，都是高效和方便的制度。

一旦进入公司，即使你还很迷茫，工资也会每年上涨。除非犯了很大的错误，否则公司不会解雇员工。公司是一个你可以放心地托付自己的团体。

养老金和保险由国家管理，人们相信退休的生活可以得到保障。而在许多西方国家，保险需要个人精心设计和购买。私人养老金公司也很多，人们可以选择最适合他们的计划。然而，在日本，人们无须处理这样的麻烦。国家和公司已经为个人设计好计划。

总之，在日本还是成长型社会的时候，生活计划尽管交给公司和国家就可以了，没有必要自己制订。

说起来可能不好听，但日本人可以像选套餐一样选择自己的生活。当你进入一家公司，你就选择了 A 套餐；当你成为一名经理，你就选择了 B 套餐；当你退休，你就选择了 C 套餐，就可以拥有自己的家和狗……这真的很方便，你不必考虑你将如何生活。

但现在呢？泡沫经济的破灭和疫情导致了应届毕业生招聘

规模迅速萎缩。终身雇佣和年金序列制度已经崩溃，对裁员的恐惧也已经成为普遍现象。

养老金怎么样呢？把它们交给国家管理的恶果也正逐渐显现出来。

我们已经进入了一个新时代，再也无法不假思索地选择别人提供的套餐生活。我们需要一个“活出自我生命价值的策略”。

欧洲是成熟型社会的样板

从1993年秋天开始，我在伦敦和巴黎待了两年半。我在那里学到了在成熟型社会生活的智慧和技能。

英国和法国都曾一度拥有主宰世界的实力，后来又都经历了经济和军事衰退的过程。在100多年的时间里，它们进入了成熟型社会。当我离开正在承受泡沫经济崩溃恶果的日本时，我相信日本最终会走向成熟型社会。

巴黎对我影响很大，尤其是法国“生活的艺术”（Art de Vivre）的信条。它是以人与人之间的交流为基础的艺术的生活方式。可以说，“生活的艺术”既是一种丰富多彩的、活出真我的生活方式，也是一种生活美学。

当然，“生活的艺术”是成熟型社会的一种生活方式，并没有如“生活的艺术就是这样”这种通用的表现形式。每个人都可以对此自由地思考、选择和品味。例如，它可能是在给别人让路的同时赞美对方的衣服或发型；可能是选择一块桌布享受美食；还可以是为伴侣准备一瓶特别的酒或者临时改乘下一列火车。

生活在巴黎的人们在日常生活中善于发现并享受这些小乐趣。这么说可能有点哲学的味道，但我觉得这种做法建立在一种绝对孤独的人类观基础之上——“我们从出生到死亡，终究无法完全理解别人”。是的，这就是“各自精彩”背后的底层观念。然而，正因如此，我们才会这样想：“美味的食物、智慧的谈话，都可以让人们共享幸福，因此，一定能够找到和无法理解的人共享幸福生活的方法。”

用我的话说，这就是“在日常中相互制造感动瞬间的生活方式”。这并不是什么难事。以吃饭为例，当法国人邀请朋友夫妇到自己家吃饭时，会根据场合布置餐桌和室内装饰。谈话往往也就从布置的主题开始。贴心的饭菜和精心挑选的葡萄酒让氛围更加生动活泼。在这些专属成年人的重要时刻，孩子们被关在卧室里，即使他们不想睡觉。客厅里既没有电视，也没有电话铃声。

另外，富裕的中产阶级则充分利用他们的乡村别墅。他们以低价买下破败的农舍，每逢假期都会去看一看，自己慢慢翻新。

当然，美食和度假屋只是几个例子而已。他们的生活方式每每给我留下深刻印象，因为他们寻求在最微小的日常事件中制造独创的体验。自从回到日本，我一直在思考什么才是日本的生活艺术。

十年前，当我说起这个话题时，没有人会给予关注。但在过去几年，随着日本向成熟型社会过渡的速度加快，许多人开始寻求“以自己的方式享受丰富的生活”，而我的观点也被很多人欣然接受。

这一件事足以让我相信，日本终于就要完全进入成熟型社会，走进一个“各自精彩”的时代。日本人参照欧洲，建立一种极具独创性的生活方式的时机已经成熟。

03　不要依赖公司

不要患上超忙碌综合征

在 30 岁之前，我简直就是“24 小时工作制”日本职场人的典型。我从早到晚工作、应酬、喝酒，总之就是很忙。

1985 年，随着电信行业放开，利库路特公司开拓了一个全新的业务领域：数字线路转售。我被任命为销售科科长。

我对自己的销售技巧很有信心，因为我以前有营销招聘广告和杂志广告相关的业绩，但新业务采取的主要是挨家挨户上门推销的策略，我并没有这类经验。公司在东京设立了 6 个科室和 3 个销售办事处相互竞争，没有划定各自负责的区域，这是一场事关生存的销售战。当时一家周刊这样描述销售风格：“利库路特的女销售员走进大楼就像发起进攻，从一头到另一头，逐一访问每家公司，就像在推销冰激凌。”

回想起来，我那时的生活完全是不正常的。

我在早上 7 点 30 分到公司参加学习，8 点开早会，然后就直接去做销售。没有午休，午餐也就花 7 分钟。晚上 7 点左右回到办公室，大家还要开会分享销售进度。晚上 9 点多会议结束后，我们还有一个学习会。接着准备第二天的演讲材料，与新招募的人员沟通……忙完这些肯定在午夜之后了。

工作结束就是晚餐和夜宵。我经常喝到烂醉。那时，我总是要吃一碗拉面才结束晚餐。一旦陷入这种模式就很难摆脱。我每周在深夜吃三次拉面，身体会出问题也就不足为奇。

即便如此，我从来没有感到累，因为开展新项目的欣喜和紧张让我感到工作中的乐趣才是第一位的。

我以前曾热情地工作并取得很多成果，例如，为二手车信息杂志《汽车探测》制订商业计划，为介绍预制房屋新品的杂志《住房信息》（后来的《每月住房》）组建销售团队。我的职位和薪水迅速提升，在 30 岁之前，我的年收入超过 1500 万日元。

对于职场人来说，这种工作怎么可能不有趣呢？更高的薪水和职位带来的欣喜可能就像毒品。

“努力工作，努力玩是顺理成章的。这就是一个职场人应该有的样子。”这就是“超忙碌综合征”。

生病教会我的道理

第二年，公司成立了一个销售办公室，主要目的是获取大公司客户，我成为该办公室的第一任主任。但我在这里遭受了巨大屈辱，因为只有我的销售办公室远远没有达成月度销售目标。我对自己的销售技巧有多自信，对结果就有多失望。

正是在这个时候，我像往常一样一大早就来到公司，在办公室前的走廊里站定。如果我打开门，办公室的场景应该和往常一样，压力图、季度的口号……比我早到的销售员可能已经开始工作。

早上 8 点，走廊里还是一片漆黑。其他办公室还没有人，电话也没有响，四周都很安静。

忽然，距离办公室门口仅有的 20 米变得难以置信地长——我的腿动不了了。

“怎么回事？”我问自己，但不知道答案。尽管如此，我还是一瘸一拐地向前走。当我打开门，办公室里还没有其他人。在松了一口气的同时，我意识到全身都是油腻的汗水。这真是怪事一件。

“我真的想要这份工作吗？”这种不祥的感觉让我对自己的身份认同产生了怀疑。“我应该加入这家公司，因为我想要一份需要创造性的工作……出人头地当然令人欣慰，但我真的要一直这样下去吗？”

尽管开始产生这样的想法，但我的日常工作还是越来越忙。我很快就找回了状态，在 30 岁的时候，我被提升为副部长，并在第二年升为部长。我的感官再次被麻痹，我就像白色的半人半机器的怪物一样工作。

就在我担任副部长之前，我察觉到了梅尼埃病的症状。我白天会感到头晕和恶心。我每天都跑医院，头晕的症状在一周后就消失了，但在接下来的五年里，一到下午就头脑麻木的后遗症一直都跟随着我。在那段时间，我慢慢学习调整自己的身心。

现在回头想：“如果没有梅尼埃病，我一直扮演超级职场人的角色，那么我可能就不会活到现在这个年龄。”

我经常说，疾病是一个机会，因为这是倾听自己内心声音的最佳机会。你只需要接受现实，一点一点地改变生活方式。

没有人知道应该什么时候退出

在一个成长型社会中接受教育，我们很少考虑到“退出”的问题。无论是经济学家还是政治家，谁根本不知道什么时候该退出，因为我们没有接受过相关的教育。

我自己都怀疑，如果我没有患梅尼埃病，我是否能够拉下作为职场人的帷幕。我在一个典型的日本中产阶级家庭长大，毫不怀疑地埋头在大学入学考试的游戏中。可以说，我是一台优秀的机器。

因此，即使不是我主动想玩的游戏，当被告知规则后，我几乎会无条件地争取获胜。我在游戏中是积极和主动的，没有人强迫我参加游戏。当处于上升期时，玩游戏会很有趣，甚至让我相信这就是我的本意。

然而，在某些情况下，这种盲目的信念引发的问题可能会以疾病的形式表现出来，迫使人们突然从前线撤退。从一个角度来看，这很痛苦，但它仍是一件好事，因为你可以借此倾听自己内心的声音。最坏的情况是，无论你做任何事情，你的心声都会萦绕在周围，使你看起来又老又丑。

当然，有意识地退出并不意味着选择偷懒。

即使是现在，我也会对下定决心要做的工作倾尽全力。我不再像年轻时那样，做伤害自己身体的鲁莽行为，但我会全神贯注，努力使项目获得成功。这已经成为一种习惯。

然而，与此同时，我总是有意识地思考："我在哪里下车？""我就做这么多，剩下的就顺其自然。"

如果你现在正在一个组织中工作，请认真思考一下退出的选项。请设想一下体面的退出和之后充实的生活。

04 在和田中学开设“社会”学科的意义

以“各自精彩”为目标的教育

2003 年至 2008 年的五年间，我在东京杉并区的和田中学担任校长。

作为东京公立初中的第一位社会聘用的校长，我吸引了比预期更多的公众关注。

在这段时间里，我实施了各种全新的举措，其中最具象征意义的是开发了一个名为“社会”的原创课程。

随着经济增长神话崩溃，日本从一个“大家一样”的时代转向“各自精彩”的时代，孩子们应该掌握什么技能？我们如何才能激励他们学习？对这些问题的思考促使我开发这门课程。

世界正在快速变化，新问题也层出不穷，但如何将这些问题与学校的课程联系起来，仍有待探索。我们不能在孩子不明白为什么要学习这门课程的情况下，把知识强加给他们，而是要用他们熟悉的例子拓宽他们对人与世界关系的思考。这就是开设“社会”课程的目的。该课程最大的特色是成年人和孩子们一起学习。

我们邀请在当地有相关知识和经验的成年人到教室做客，他们向孩子们提问并参与讨论。我们请来过大学生、退休的公司职员、补习班老师，甚至还有无家可归的人。成年人不教孩子，而是和孩子一起学习。

可以说，这门课程是孩子们从学校向社会过渡的窗口。自然，诸如“自杀是对还是错？”“100 日元的汉堡包是贵还是便宜？”“如果我母亲愿意，她可以选择安乐死吗？”这类问题并没有标准答案，但这正是讨论的意义所在。在已经进入成熟型社会的日本，再也找不到所有人都能接受的所谓“正确答案”。

背诵过去的正确答案已经没有意义。对于没有答案的问题，重要的是试错的过程。在此过程中，人们要倾听别人的意见，收集信息，用自己的方式思考，从不同的角度重新思考问题并整合别人的意见。

教育对于成年人也很重要

在未来，只能回答被灌输的正确答案的孩子是弱者。相反，当遇到前所未有的问题时，不害怕犯错或失败，能找到自己满意的解决方案的孩子才是强者。成年人也是一样。

在迅速转向“各自精彩”的时代，人们的价值观越来越多样化。坐在你旁边的人的文化可能与你的文化截然相反。即便如此，你也要能够勇敢地交换意见。

首先，客观地分析和理解对方所说的话很重要，不要仅仅停留在看到和听到的表象上。

其次，你也需要用灵活和开放的头脑接受对方的观点。如果你觉得一个观点是好的，你可以“剽窃”（请原谅我的这种说法）并使其成为自己的观点。在消化之后，你就可以形成自己的原创观点。这样的技巧已经变得很重要。

这种“以批判性思维为主的逻辑思维”和“在听取他人意见的同时提出自己的观点的艺术”是我希望孩子们在“社会”这门课程中能够掌握的重点，同时也是面向未来的成年读者需要具备的基本技能。

然而，必须说，只有少数人拥有这两种能力。

例如，如果你能够学习 MBA 课程，你将有很多机会对各种案例研究进行彻底的辩论，你的逻辑思维能力将在短期内提高。

然而，很少有人有这样的特权。许多人可能不加批判地接受电视新闻评论的观点。现实情况是，当所谓电视专家解释他们自己都不明白的国际问题时，大多数人并不会对此感到任何不适，甚至对“了解”感到满意。

但别担心，你还不算太老。如果你是 35 岁（哪怕实际年龄更大，只要有 35 岁水平的好奇心），一切还来得及。

首先，试着批评电视评论员的话。他们的观点真的正确吗？如果他们让你看右边，试着看向左边。如果他们只展示了正面，请考虑背面的情况。如果是你，你将如何表达你的观点？请仔细想一想。

不要只是阅读报纸和杂志，然后点点头。想象一下报告的另一面。对任何事情都要有自己的观点，无论它们看上去多么糟糕。

有了自己的观点，请试着与其他人交流并修改观点。

讨论的最佳场所是在当地社区。与许多不同职业、年龄和性别的人交流，你将提高表达技巧，同时完善自己的观点。如果你有孩子，那么参与到当地的中小学社区也是一个好主意。

50 多岁和 60 多岁的人怎么办？他们可能在说：“我已经到了享受生活的阶段。时代可能在改变，但我们已经涉险过关。我仍然可以继续用旧的方式生活。”

然而，作为职场人，他们可能已经抵达人生的收获期，但作为社会的一员，他们仍然要在未来生活 30 年或 40 年。这些人应该对这个事实有所准备。

女性在上了年纪之后往往更能以灵活的方式对待生活。她们在一定程度上准备好迎接“各自精彩”的时代。五六十岁的女性会和朋友结伴旅行，享受她们的休闲时间。她们中的许多人还会参加课程，在当地社区，如邻里协会或家长教师联谊会发挥一些作用。其他人则创建了自己的社群，例如，加入使用当地学校场地的网球俱乐部。她们善于和别人一起享受生活。

而那些即将从知名公司退休的男性就比较危险。他们理解职场人士和老板的逻辑的能力可能还不错，但社区的人的价值观则与之大相径庭。在社区中，必须要掌握表达技巧，在接受对方意见的同时推进对话。大家已经不再交换“名片”了。

鉴于此，实际上，可能这一代人最需要学习“社会”课程了。

05　自己搭台，自己唱戏

大舞台已经不复存在

在成长型社会，每个人都可以到大舞台上登台表演。在这样的大舞台上，上演诸如“战后重建”和“所有人一起创造更多”这样的戏剧是合适的。正如20世纪80年代的戏剧是“大家一起购买昂贵的土地就不那么担心了”一样。追求经济成功的人都想上台表演。

这些戏剧的规模非常大，表演者是1亿日本人。每个人都很兴奋，就像参加节日的庆祝活动。

今天呢？世界杯和世界棒球精英赛可以让很多日本人同时兴奋起来。然而，它们是短暂的事件，很难想象它们在未来会变得让人更加兴奋。

东京奥运会的成功举办也许会让这个国家暂时团结起来。奥运会是“齐心协力”时代的集大成者，东京都知事很久以前就说，这将是“最后一届奥运会”，这话也有道理。

那么政治能否提供一个所有公民都能参与的新舞台？很明显，首相应该被视为舞台导演。因此，大家喜欢抱怨“安倍晋三年轻，不可靠”“福田康夫没有梦想”“麻生太郎日语都说不好”，这也在所难免。

例如，吉田茂通过提出“战后重建”的故事，让日本从战后的混乱时期振兴起来。池田勇人的“收入倍增计划”和田中角荣的“日本列岛改造计划”也把国民带上了舞台。今天的日本是否可以做类似的事情？不太可能。

此外，在这个视觉媒介不容忽视的时代，如果你出现在电视上，能力不足就会一览无余。

当你成为一个大人物，过去的丑闻就会被曝光，因此，在成长过程中不愿承担风险的“二代”成为主流。挑战总是伴随着失败。如果人们能在失败后迅速一雪前耻就好了，但目前日本的制度使之难以实现。现在的政治家变得渺小是很自然的，因为“没有失败的人”=“没有接受挑战的人”。

国家已经建成了这样一个系统。因此，作为日本人，我认为我们不应该对首相寄予更多的期望。

这一点不仅适用于政治家，也适用于管理者和教育工作者。

在“各自精彩”的时代，即使是首相也不能大展身手。这是因为在每个人身边的戏剧已经变得比国家的戏剧更有趣。

各式各样的剧场

今天，我们生活在一个自己决定一切的时代——剧院、剧目和剧名。现在的问题是如何用自己的双手感动你生命中的主角——你自己。

过去靠头衔生活的人现在必须建立自己的剧院。没有人会喜欢诸如“工薪族的普通生活”或“用退休的钱购买自己的房子”这种剧目。

为了让以你为主角的戏剧变得有趣，辩论和角色扮演的技能应该被纳入学校教育，在成年后必须提高批判性思维和表达能力。

这是因为在名为生活的舞台上，让你挥洒自如的最大武器不是别的，正是沟通能力。

总之，不要对国家设立的剧院抱有太大期望。做好准备，国家不会为你提供舞台，也不会在舞台上给你留出一个位置。

公司也不会给你提供舞台。年功序列和终身雇佣的故事已经落下帷幕。公司现在只是舞台剧本的选项之一，是否选择它全由每个人自己判断。

是的，利库路特公司的社训“自己创造机会，通过机会改变自己”，现在已经成为每个人都需要掌握的技能。我们已经进入了这样一个时代：除非自己创造机会（戏剧），否则无法演出自己的人生。

当然，这是一个很大的挑战，因为你必须自己租用剧院，自己编写剧情还要自导自演。与过去参与国家撰写情节的戏剧相比，你需要付出更多的智慧、想象力和心血。

此外，如果你失败了，你必须承担起责任。剧目是你一手导演的，你不能怪别人，这很残酷。

然而，我可以明确地告诉你，掌控自己的生活总是乐趣更多。因为所有的决定都是你自己做的，你冒的风险越大，当下的生活就越丰富，日常生活就越有活力。

此外，个人即使失败也不会承受很大的打击。当然，在国家剧院上演的一场演出如果严重失败，许多人会感到慌乱，也会引起很大的骚动。然而，个人经营的小剧院则不同。失败反而是一味佐料，使生活的戏剧变得更有滋有味。你无须太担心，因为你可以随心所欲地重新来过。

我们每一个人都在各式各样的剧场中表演原创和独特的戏剧。如果日本成为这种国家，是不是变得更有意思呢？

06 不问工作方式，要问生活方式

你从哪里来，你要去哪里？

“你从哪里来，你要去哪里？”

我总是向与我一起做项目的人问这个问题。由于是第一次见面，我想找到一些我们的共同点。如果听完他们一路走来的经历和梦想，我总能受到一些让我耳目一新的启发。换句话说，如果不了解一个人的生活背景，你就无法与他合作。

然而，不幸的是，我很少遇到别人问我类似的问题。特别是来自学校相关领域的人，100% 不会问我这个问题。也许他们不善于向别人提问，因为他们是专业的教学者。

公司职员也是如此。他们在交换名片和确认对方的公司名称后就感到心满意足。但仅从公司名称几乎看不出对方的个性、能力、爱好和品味。

在开始一个项目之前，你应该问：

“这个人对这个项目的感觉如何？”

“他们想如何进步？”

如果我们在开始一个项目之前能了解对方的感受，可以肯定，工作质量将会提高。然而，许多人觉得他们可以仅仅通过对方的头衔就了解对方。

只需要倾听对方说话半小时，你就能发现对方与自己的相似之处。活了 35 年，每个人的人生故事都可以写满一本书，而 40 多岁和 50 多岁的人可能有更多的故事可以讲。

根据我的经验，我从来没有遇到过听完对方的人生故事之后却找不到任何共同点的情况。

“我们是老乡。”

“我们的儿子有相同的爱好。”

“我们在职场遇到过同样的烦恼。”

你总是可以找到一些与你有关的东西。

说句题外话，当我第一次见到胜间和代女士，发现我们都患过梅尼埃病时，我感到与她如此亲密，甚至想拥抱她。我们心意相通，感觉似乎没有必要继续用语言交谈。

我希望面向未来生活的人们可以讲述自己的生活故事。我还希望他们也能对其他人的生活感兴趣，并提出越来越多的问题。

年轻的销售员常见的问题是他们虽然想要用同理心打动顾客，但在演讲时往往过多地谈论自己和自己的公司。

如果给你一个小时，最后一件事才是介绍你的公司和产品。你必须认真听取别人的意见，然后开始一个五分钟的演讲，一语中的。

当我还是一名公司职员时，我之所以能够在销售方面取得成绩，是因为我努力倾听人们的意见。有一种说法是“把话说到心坎里”。在倾听的过程中，你能否与对方产生共鸣，甚至问出对方的失败经历这种消极的信息？我想这是销售成功最重要的因素。

例如，在向大公司做报告时，对方团队往往是由部门主管、科长和业务员组成。我方也是同样的阵容，但部门主管和对方主管交谈，科长之间也相互交谈。业务员级别的人只是做诸如“原来如此”这样敷衍的评论。这真是浪费时间。

当我要离开时，我总是问业务员：“我近期想和你直接交谈。请问有时间吗？”通常，快的话在当天，最迟在一周内，我就可以和他们一对一交谈。因为没有主管，只要你真诚地问，业务员就会告诉你各种各样的事。

工作、生活、家庭……方方面面的事情。最后对方说：“我女儿马上就要考试了，但她成绩老上不去……”如果你能体会到他的感受，你们之间就会产生一种强烈的亲近感。

这种同理心是驱动一线工作的引擎。掌握决策权的可能是部门负责人，但在第一线的业务员才应该是你的盟友。演讲的关键是如何与他们建立个人联系。如果你认为不能在工作中谈论个人生活，现在就把这个观点扔出窗外吧。

我希望你建立一种新的规范："在我们谈论工作之前，应该首先交流生活的故事。"

在这方面，女性更能够灵活应对。只要说一句"请给我讲讲你的人生故事"，她们中的许多人很快就能敞开心扉，乐于分享自己从小到大的故事。

男性也会回答同样的问题，但他们不可避免地会更关注工作的事。如果他们偏题过远，我会试着引回话题，说："我不是在问这些事情，我是在问你的少年时代、你的婚姻以及你将来想做的事情……"但他们马上又回到工作的话题。这使对话变得无趣，也不能激发出一起工作的愿望。

回想一下小学、初中和高中的晨会。校长在台上讲话，你会觉得很"有趣"吗？是不是觉得很无聊，想着"怎么还不结束"？你现在连一个当时的情节都想不起来，就是最好的证明。

原因是许多校长没有用他们自己的话来演讲。他们要么依靠《教学演讲手册》之类的书籍，要么就是依靠前任校长传下来的打印的讲话稿。只要他们从这样的标准读本中挑选材料组织演讲，听众就不可能感到舒服。自然地，学生们想要转身离开。然而，如果讲的内容是校长实际经历过的故事，或者校长从自己的角度分析当前事件，学生就会更感兴趣。

个人演讲也是如此。用你自己的话讲讲自己的故事。同时，你需要把对方看作一个独立的个体，而不是某个组织的成员，倾听他或她的个人故事。做不到这一点，就无法顺利地沟通。你们无法互相学习，也无法在工作中做到最好。

先了解对方，再找出演讲要点

我住在欧洲时，有人介绍我认识了一位犹太商人。我想尽可能多地了解他。回到日本后，我去书店买了一本《旧约圣经》。

但当我拿起那本厚厚的圣经时，我就是无法读下去。我灵光一闪，买了一本以漫画形式介绍《旧约圣经》的书，决定在飞机上仔细阅读。

当我真正遇到有犹太血统的人时，我就会说："我最近刚读过《旧约圣经》。"他们的态度马上就不一样了。他们可以敞开心扉，仿佛我们是兄弟。

也许他们喜欢我想要理解他们的态度。当他们与我交谈时，他们会非常认真。这是一个非常重要的经验。

我曾经有机会见到作家重松清，我告诉他我读过他所有的作品。

我记住了他作品中的三个或几个段落，在开始对话之前，我说："这些话是重松先生的想法，不过以作品角色的台词的形式说出来了。"没人会不尊重做了那么多准备的人。在与他见面的很短的时间内，我们就达成了合作下去的承诺。

然而，大多数人在第一次见面的时候并没有做任何这样的准备。我见过无数的人，但很少有人以这样的方式推销自己。这就是现实。

除去头衔之后，我是谁？

有时企业的人力资源部门会邀请我进行员工培训。第一堂培训课程我会安排学员做自我介绍。当然，这不是普通的自我介绍。

（1）我们不交换名片。

（2）不提工作、部门或职务。

参与者要介绍自己，还要给对方留下深刻印象。

这并不容易。

“不知道该如何表达自己。”

“想要介绍自己，却不知道从何处开始。”

“说起自我介绍，不知是否可以先向别人提问。”

大家都感到迷茫。许多人通过培训才第一次意识到，他们一直隐藏在组织的保护伞之下。事实上，以个人的身份说话需要一定的训练。

然而，做这种训练，你不需要上任何培训学校。最便宜和最有效的方法是参与到当地的中小学社区。

你的头衔对孩子们来说完全没有价值。适用于商业世界的常识当然也完全行不通。孩子们会认真地对待你，真正的你，没有头衔的你。

如果你能很好地教授棒球或足球，你将赢得尊重。你也可以从一个独特的角度，用和教师不同的方式传授知识。你还可以参加活动，用喜剧演员般的主持技巧来活跃气氛。

你知道山本修（柠檬先生）吗？他是一位大阪的电台主持人，有一天他访问了自己女儿的学校，并因为巧合而成为家长教师联谊会的主席。

上任后的第一次讲话中，他想以某种方式让孩子们笑起来，于是就戴着柠檬头套登场了。当然，这成了热门话题。他迅速成为一个受欢迎的人物和教育领域的意见领袖之一。

当你向孩子们进行道德教育时，谈论“应该”并不能取得效果。当然，即使你自我介绍说“我是家长会主席，是个大人物”，这就像亮出印有大公司名称的名片一样，也不会有任何效果。与一年级到六年级的学生打交道，难度一点也不比与从青少年到60多岁的各年龄段的受众打交道低。山本先生对此很敏感，他没有说一些冠冕堂皇的话。他发表了自己的意见，而且是用自己的方式。

从某种意义上说，在孩子们面前戴着柠檬头套是一个赌局，肯定有一些焦虑：“如果孩子们不接受怎么办？”

但沟通原本就是有风险的投资。为了获得更大回报，你必须承担风险。冷冰冰的话语和态度不会引起大家的兴趣，也无法让大家举一反三。沟通是关于如何与他人建立联系的严肃的游戏。在山本的故事中，柠檬头套是他认真思考如何与孩子建立良好关系之后的选择。

当我被派往和田中学时，邻近的和田小学的校长是横山正先生，他毕业于东京学艺大学，是一位完美的正统校长。

然而，当我被邀请作为嘉宾参加开学典礼时，我发现了他令人惊讶的一面。他登上为了致辞而搭建的舞台，开始表演魔术。

他用一个简单的魔术就赢得了孩子们的心——在不接触手绢的情况下移动手绢。接下来，他用手握住三根绳子，当他松手时，绳子变成了完整的圆环。

这两个节目都是经典的魔术，在百货商店的玩具区很容易找到表演它们的道具，但孩子们都很高兴。

横山校长满意地看着孩子们的笑脸，然后走下舞台，指着手里的圆环和蔼地说："各位，和谐（圆环）很重要。让我们彼此好好相处吧。"一年级新生就把校长围了起来。

为了能有这样的表现，我希望你在 30 多岁时就开始训练和提高自己。关键是要加入一个由不认识你的人组成的社区。避免去那些有很多与你的价值观相同的人的地方。

在这个意义上，"同好会"没有用。意气相投的人之间不会产生紧迫感。在没有丝毫相互伤害的风险的地方，人们无法得到锻炼。

建议你还是要积极加入当地社区。这是最好的道场，既便宜又能带来很好的效果。

第 2 部分

人生战略的建议

07　10 多岁专心致志，20 多岁全力以赴，30 多岁摸索前行

专注力和分寸感是人生规划的基础

如果我们要列出人类所需的能力，如毅力、想象力、信念和学习力……这个数字很快就会超过 100。其中，在青少年时期结束前最应该掌握的能力是什么？我认为只有两个：专注力和分寸感。

专注力可以用在任何想专注的事情上，无论是计算、阅读还是练习钢琴。做这些事情不是为了提高计算能力，也不是为了培养阅读理解能力，更不是为了提高音乐感或节奏感，而是要努力培养孩子一次只关注一件事的习惯。

我接触过很多职场人士，从未见过有人说他们是在进入职

场后才发展出专注力的。成功的人在小时候都有过一些专注的经历。

另一个是分寸感。这不仅是指左和右之间的平衡。它意味着训练在自己和整个世界之间保持精确的距离，例如，把握“自己和地面”“自己和家人”以及“自己和朋友”之间的距离。

近年来，大部分路面已经铺上了混凝土，很少有地方能让人感受到大地的温度。此外，许多孩子甚至不知道如何摔倒在地面上，因为当他们要摔倒时，妈妈会飞奔过来，立即抓住他们的手。

他们没有机会学习如何摔倒，所以当他们真的摔倒时，还不会用手保护自己，而是脸先着地。虽然听起来像一个笑话，但这是一个学校里真实发生的故事。

同样，分寸感差的人也不善于社交。有的人在朋友面前侃侃而谈，但与其他人几乎从不交往。他们是那种在关系中只想要“0”或“1”的人。与 100 个相互之间保持适当距离的人交往，比只和同类人做好朋友要好。（有社交障碍的儿童是例外。）从这个意义上讲，学校是一个伟大的训练场。

专注力可以通过学习获得，但分寸感往往只有通过游戏才能掌握。这就是为什么我主张“也要努力玩”。

如果你有专注力和分寸感，在将来就可以把想要的东西变成自己的东西。在青少年时期培养专注力和分寸感很重要，这是未来学习一切东西的基础。

20 多岁经受 1000 次打击，30 多岁适度迷茫

20 多岁是通过工作找到你所热爱的事情的时期。重要的是，你要决定自己想获得何种经验，并全身心投入其中。

对我来说，我热爱的是“销售”和“演讲”。这些能力必须在现场感受气氛和磨炼技巧才能提高。你还需要内心足够强大，能够连续承受 1000 次打击后，仍然能站起来。

中谷彰宏是一位深受欢迎的生活指南书籍的作家，他为什么能够创作出如此多的作品？大学毕业后，他加入了博报堂，这一家大型广告公司。他的前辈们经常给他布置任务，如“嘿，列举 100 个与‘高不成低不就’含义相同的词”。

这成为他的“1000 次打击”。自从成为一名作家后，他培养了从多个角度分析同一个概念的能力，并可以从不同的角度反复写作。这种能力可以归功于他在 20 多岁时从前辈那里得到的 1000 次打击。正是因为经过了这些脚踏实地的持续训练，他才成为一名畅销书作家。

在你 20 多岁的时候，当你决定要做一件事，你必须全身心投入。这是一个学习技能的独特时期。

30 多岁，是个迷茫的好时机——你在 20 多岁时通过努力工作获得了某些技能。现在，你要用它做什么？30 多岁是认真思考的时候了。

你在这里决定的方向将持续到你的 40 岁和 50 岁。在 40 多岁改变你的人生方向不是一个好主意——所以要认识到，你的 30 岁要用来展望未来几十年的时间。

当然，尽管"迷茫也是可以的"，但在你 30 多岁的时候，还是需要做出一些决定的。

第一件大事是与自己交谈，了解自己的技能是什么，该技能是否具有普适性，是否可以用到公司之外？仔细检查你的技能是否已得到充分磨炼。

第二件大事是在公司之外找到可以关注的事情：你需要选择一个可以在四五十岁时继续做下去的事业，如果它能与你在工作中培养的技能相结合，你将收获很大的力量。

比方说，20 多岁时你在一家旅行社工作，掌握了大量的知识和技能；30 多岁时，你当然会像以前一样认真地投身到工作中，但同时你也会深入研究你一直喜欢做的事情。举个例子，你很喜欢狗。然后你想办法认真学习和狗相关的知识。你可以参加一个饲养员培训课程或参加一个函授课程。在某些情况下，你甚至可以改变工作，成为一名饲养员，并进行为期五年的培训。

如果你在这两种职业（主题）中都经受住 1000 次打击，你可能会在导游和饲养员之间的交叉点上找到一份新工作：一家组织爱狗人士旅游的旅行社。

为自己创造一份新的工作听起来非常困难，但事实上，20 年前还没有美甲师或芳香理疗师，所以其实这并不罕见。

要成为一流的美发师是非常困难的，因为你必须努力工作，直到你能够在原宿这样的城市中心开店。漫画艺术家们也必须忍受看不到成绩的绝望时期。但是，如果成为一名能画漫画的美发师怎么样？我认为这肯定会非常受欢迎。我认为，在未来，我们也应该考虑把两到三种工作结合在一起。

我 37 岁时去了欧洲，在那里我思考了自己四五十岁想做什么样的工作并详细地观察了成熟型社会的样子。之后，我决定在未来关注四个主题："教育""住房""以护理为重点的医疗保健"和"超越组织的个人网络"。在成为利库路特的研究员之后，我持续关注上述主题长达六年的时间。

我后来认为教育似乎能撬动更多的资源并决定将我的生活集中在教育的世界。

然而，如果我创办一家公司并试图改变教育，它将不可避免地以应试为导向。这无法引发学校教育的变化。

所以我决定先进入教育领域，而不是仅仅谈论它。此外，这份工作必须充分发挥我的销售和演讲技巧，尽管它是一个与利库路特公司不同的舞台。我找到的这个难题的答案是“初中校长”。

我从37岁起就一直在规划人生战略，尝试回答这个艰难的问题。

我在10多岁时打好基础，在20多岁时掌握一些技能，并在30多岁时探索如何在四五十岁时生活。这需要一个粗略的生活大纲，但我认为边跑边想也是可行的。

因为在“各自精彩”的时代，依靠自己才是寻找答案的唯一途径。一个适用于所有人的“正确答案”已经不复存在了。

08 不要寻找正确答案，奉行不断调整的生活策略

没有正确答案，寻找满意答案

在成长型社会，社会强调的是得出正确答案的能力，这也是以国际教育成就评价协会和国际数学和科学教育趋势研究为代表的机构评估的学习能力。这类测试评估的是受试者“阅读、写作和计算”的速度和准确性，以及记忆正确答案并在考试中回答正确答案的能力，也可以说，它衡量的是“信息处理能力”。

当然，把计算和记忆等信息处理能力作为基础是很重要的，但这些能力不足以解决一个成熟型社会的问题。新时代需要的是得出“满意答案”而不是“正确答案”的能力。

这一趋势与OECD（经济合作与发展组织）发起的PISA（国际学生评估项目）学习能力模型相吻合。

PISA评估的是质疑规则的能力，以及用否定的态度来对待现有方法，同时寻找新的答案的能力。它评估的是“信息编辑力”，而不是“信息处理力”。

未来需要的是“令人信服的答案”和“信息编辑力”，但学校教育中灌输的“正确答案”的影响力比预期的要顽强。除非我们设法消除这个魔咒，否则我们无法在一个成熟型社会中生存。

当你真正步入社会时，你会意识到很少有问题像“1+2=3”那样有明确的正确答案。我们每天面临的许多问题都没有通用的解决办法，而且可以肯定的是，未来这样的问题会越来越多。

例如，如果你今天出版一本书，其内容与五年前的畅销书相同，它还会成为热门吗？如果你只是简单地改变装帧，并将其作为“修订版”进行销售，它几乎不会有任何销量。时代的变化就是这样快。

即便如此，在学校里被灌输了“正确答案”的这一代人，会认为“总有一个正确答案藏在某处”。这就是为什么他们只试图从百货商店销售的产品中做出选择，购买爱马仕、古驰或路易威登之类的品牌。

如果你想要一个“满意答案”，那么你应该建立自己的品牌。事实上，我开发了自己的原创腕表。这对我来说是“满意答案”。

仅仅依靠信息处理力，就无法产生新的想法。这是因为信息处理技能的先决条件是遵循先例和已有的规则。

与之相对，寻求“令人信服的答案”的信息编辑力，需要从根本上质疑先例，因此很有可能创造出前所未有的产品、服务和生活方式。未来更需要哪一种能力？答案一目了然。

为什么年轻人不断换工作，并且不结婚？

越来越多的年轻人不停地更换工作。晚婚的人数也在增加。

这两个看起来完全不相关的趋势可以被一个关键词联系起来，它就是“真正的自我”。

过去，我们经常听到“自我发现”这个词。这是一种寻找“真正的自我”的想法，比如进行一次旅行或改变工作。

那么，究竟什么是“真正的自我”？是不是除了生活在此时此地的自己之外，还有一个“真正的自我”隐藏在某个地方？我可以斩钉截铁地告诉你：“真正的自我”是一种幻觉。

摆在你面前的工作可能是枯燥的，也可能是艰难的。这时，人们会想："我不是真的想做这份工作。一定有另一份工作等着我，在那里，我可以活出真正的自我。我只对自己喜欢的事情充满热情。"因此，他们很容易就放弃了自己选择的工作。

客观地说，对任何一个人来说，没有所谓的"理想工作场所"。就像"真正的自我"一样，它只是一种幻觉。如果有一天找到了理想的工作场所，那是因为这个人不断努力，以自己的方式改变了身边的状况。即便如此，"零问题，完全没有压力"的工作也是永远无法找到的。如果达到这样的状态，就意味着这个人已经失去了上进心。

许多不愿意结婚的人说："我总是找不到合适的时机。"这可能是他们的真心话。

然而，这些话背后的含义是"肯定有一天我会遇到对的人"。真命天子、千里姻缘一线牵、白马王子，虽然很难说出口，但这些通通也是一种幻觉。

"真正的自我""理想的工作场所"和"完美的伴侣"都是"正确答案"思想下的产物。如果正确答案会随着你的期望如约而至就好了，但现实是，它并不那么容易。

迈蒂与蒂蒂[①]踏上了寻找代表幸福的青鸟的旅程，最后发

---

① 美国影片《青鸟》中的人物。——译者注

现青鸟就住在他们平时居住的房子里。

如果你有时间追逐幻想，还不如好好看看你自己，此时此刻的你。这似乎是一个弯路，但它是通往“满意答案”的捷径。

09　拥有武器和朋友才能生存

坚持才是真正的武器

为了在未来生存，你需要一种独一无二的武器。

究竟什么样的武器是最好的？不幸的是，这个问题没有“正确”或“通用”的答案。

在真正的战争中，拥有一件杀伤力大的武器会更有利，但在生活中，赤手空拳有可能比战斗机更强大。你必须选择最适合你的武器。你应该根据“哪个适合你以及哪个更顺手”来选择武器。

最糟糕的是只会说“我不知道该选择哪种武器”，但不采取任何行动。你应该首先把精力放在你眼前的东西上。认为在某个地方“一定有适合自己的武器”的想法也是一种幻觉。任何武器都要经过多年的使用，才能在你手中变得熟悉和有效。

如果你是35岁，现在应该已经工作了10多年，所以你绝对不可能没有学到任何技能。当你已经获得一些武器时，“我即将踏上新的自我发现之旅”这种说法就很奇怪，也很可惜。

事实上，你已经有了很多没有用处的成功经验和技能，去除这些多余的东西才是最重要的，剩下的才是你的武器。如果你在这些武器上投入两倍的精力，你的生活将变得更有意义。

我参与创办了一家名为“媒体工厂”的出版公司。这大大增加了我与各行各业的名人交谈的机会，同时，这也让我发现了一个大问题。由于我的知识面狭窄，我们很难展开深入对话。

主要原因是我缺乏阅读。我自己并不特别喜欢书，但一旦我参与创建出版社，我别无选择，只能学习。我立即给自己定下目标——在一年内读完100本书。

我在拥挤的井之头线和银座线列车上，总会设法读一些文库本书籍。回到家后，不管我喝得多醉，我都拼命打开书。有一次，我在下班回家的列车上阅读重松清的小说，不由自主地流下了眼泪，很是尴尬。

无论如何，我别无选择，只能读一点什么。随着我坚持用业余时间阅读书籍，渐渐地，我能够更有效和快速地阅读。

现在，阅读已成为一种习惯，20多年来我每年都要读大约 150 本书。这种积累绝对是我的武器。我甚至为商业杂志撰写过书评。

从某种意义上说，我从没读过多少书的起点出发，在潜移默化中，读书变成了我自己的武器。在这个意义上，“坚持”也是一种技能。

能不能把研究裸鳃动物作为专业？

我的一个熟人在航空公司工作，他通勤时间单程要花两个小时。他想充分利用这段时间，于是选择了阅读。

到目前为止，这很正常。但与众不同的是，他决定上班路上要读完一本书，回程要再读一本书，然后还要当天在博客上介绍这些书。

很难找到一个在一年内写 400 多篇书评的人。经过三年的持续更新，该博客取得了突破，变得非常受欢迎。他的书评博客成为热门的话题，他自己的身价也水涨船高，还在公司获得了晋升。

今天，任何人都可以拥有自己的博客。你可以把它作为一个疗伤的地方，写写日常生活或发泄挫败感，但为什么不把它当作一个磨炼技能的地方呢？

在网络世界中，名片和头衔没有什么作用。相反，如果一条视频的内容很有趣，即使你不出名或没有获得很大的支持，它获得 15 万次点击也不稀奇。这是个有趣的时代。

你意想不到的小众领域也可能变得引人注目。以前从未有过这样的小众社群。

在“各自精彩”的时代，互联网开始显露出更强大的力量和意义。目前，作家和小说家正从博客中诞生，而诗人和摄影师也将很快从网络社区中脱颖而出。

此外，以前被嘲笑为“宅男”或“怪胎”的人也可以进入人们的视野。随着未来变得越来越多样化和专业化，可能会出现“自动铅笔评论家”这样的职业。一个喜欢蜣螂的人如果坚持下去，也可以成为互联网上的学者。一个爱鱼的年轻人仅凭他的独有能力就能在许多媒体上露面，这也很具有象征意义。

这个时代，最重要的是原创性。

当然，你可以尝试超越铃木一郎，成为美国职业棒球大联盟的一员，但只要你选择一个现成的领域，你就必须准备好迎接激烈的竞争。如果你身处一个别人已经在你争我夺的领域，不管它是看起来多么小众的细分领域，你也有 1000 或 2000 个对手。

你应该追求自己感兴趣并且认为很酷的东西。这些事让你快乐。

如果在你的领域，你找不到志同道合者，那么这可能是一个机会。换句话说，高度原创的东西是“无与伦比的东西”，所以人们很难理解它。人总是希望得到别人的认可，这种人的观点也会趋于平庸。

我希望你能够坚持你的立场。

昭和天皇很酷，因为他研究裸鳃动物。如果你也要找自己的兴趣，就要找这样的东西。

没有社群，就没有个性

你拥有的独特武器越多越好，但要注意不要认为个性只存在于你的内心。

在胜间和代翻译的备受关注的《异类》一书中，作者马尔科姆·格拉德威尔（Malcolm Gladwell）断言：“个性在社群中显现。”为什么那么多计算机天才在 1955 年前后出生？微软的比尔·盖茨生于 1955 年，保罗·艾伦生于 1953 年，史蒂夫·鲍尔默生于1956年，苹果的史蒂夫·乔布斯生于1955年，谷歌的埃里克·施密特生于 1955 年，太阳微系统的比尔·乔伊生于 1954 年。这些人的共同点是，他们都碰巧生在一个“可以进行压倒性的密集练习”的环境中。

当然，与生俱来的能力和后天努力都必不可少，但我们在很大程度上受到周围环境和遇到的人的影响。

在这个意义上，个体创造力的表现之一是创造人际关系的能力。在日本，教育的理念是“功能主义”，即主流观点认为个性和创造力是每个人的内在能力，教育要关注如何把它们激发出来。我们能够从个体激发和发展出来的学习能力是有限的。对整个社会来说，共同学习和成长才是更正确的做法。因此，比起改革教育，提高社群中的交流数量和质量才更重要。否则，个体的学习能力、志向、同情心和爱国心都很难提高。

10　人生战略的设计方法

在看不到终点的游戏中，按自己的规则行事

如果用一个比喻形容我们今天的时代，那就是在雾天的高尔夫球场上打一个短洞。

因为这是一个短洞，所以如果你是一个高手，你可能挥一杆就把球打上果岭，然后用两杆把球推入球洞，以标准杆的成绩完成比赛。

有些人的目标是打出小鸟球，而有些人则忘不了过去一杆进洞的体验，贪婪地希望“这次再现辉煌”。

然而，由于雾气太浓，你无法看到果岭的位置。如果天气晴朗，你可以选择直接打向果岭，但显然雾气似乎不会散去。

更重要的是，当今世界这个奇怪的高尔夫球场还有一个特

点，就是在你击球的一刻，果岭的位置可能会发生变化。这样的话，你别无选择，只能先打出第一杆。

然而，许多人只是小心翼翼地选择球杆，询问球童或观察风向，但从不尝试击球。

然后，一个天真的孩子出现了。这是他第一次打高尔夫球，所以，他并不在乎是否有雾。他挥起球杆，击出了球。他走向球停下的地方，又打了一下。他不去想击球的次数，随着他不断地试错，球离果岭越来越近了。

谁胜谁负一目了然了吧。

当然，根据成长型社会的规则，赢家是花了最多的时间，但用最少的击球次数把球打进球洞的人。然而，时代已经改变。如今，规则已经变成了“打到球的人获胜。击球次数多的人获胜。击球次数并不重要，尽快把球打进洞里的人获胜”。

此外，在高尔夫运动中，有18个或36个洞，但在现实生活中，可能有180个或1800个洞。你必须一个接一个地打，一边试验和犯错，一边询问大脑和身体：“我怎样打才能进洞？”

积累“沙地和草坪的打法有什么不同？”这种经验是很重要的。谁能有效积累诀窍并迅速前进，谁就能获胜。

不再有唯一正确的答案。重要的是你能想出多少令自己满意的答案，而且还能让其他相关的人也满意。意识到这一点才能开启你的幸福生活。

只有行动，才能实现幸福。在教室里冥思苦想幸福的正确答案是没有意义的。我们已经到了这样一个新时代。这也是为什么我们必须放弃传统战略，完善自己的人生战略。

大家都反对的事情才有其新颖性和独特性

创业需要有一定的鲁莽精神。

就像那个在雾中立即击球的孩子，你必须寻找一个做事的切入点。无论你如何计算，永远也无法确定事情的实际结果。

我曾经是大阪府知事的特别顾问。当我被邀请与前知事桥下彻共事时，我实际上根本不认识他。当我与他交谈时，他告诉我，他正在为大阪的变革进行一场孤独的战斗。听到他的话，我发自锄强扶弱的天性就想“助他一臂之力”。

当然，我可以预测这是一个艰难的项目。然而，思考“优势和劣势”或“成功的可能性有多大”这些问题并没有多大意义。

“好吧，让我们合作吧。”这种精神和决心很重要。

当然，一旦我们收到邀请，我们会尽可能做出最精确的计算。如果结果不尽如人意，我们会立即改进和纠正。一旦开始行动，我们就不断重复这个过程。

当我做一个真正重要的决定时，我从不征求别人的意见。例如，不管我决定离开利库路特，还是决定成为一名校长时，我都独自做出决定。

为什么？因为如果我咨询别人，我就会找借口。我不想在我失败时，哪怕有一秒钟，认为“接受那个人的建议是错误的”。对我来说，这是最“丢人”的态度。

此外，如果我向别人咨询，而他们不同意我的观点，我难免会感到不安。事实上，90% 的人都不同意的事情是最值得玩味的，如果我总是听到负面的意见，就很难下定决心。

因此，如果做得不好，向别人征求意见还不如不征求。如果你不告诉任何人就跳进去，你必须自己承担责任。这种觉悟也能激发强大的力量。

当然，在你跳进去之后，你应该越来越多地咨询你周围的人的意见。当你陷入困境时，周围的人才会向你伸出援手。

例如，假设一家外国公司邀请我担任该公司的总裁。我的年收入为 1 亿日元，我得到了一辆专车和一名司机。我也可以用公司的名义在六本木租一套房子。

你认为谁会帮助这样的我？无论我多么认真地与他们协商，他们甚至都不看我一眼。

如果人们处于不利地位，别人更有可能提供帮助。如果能够获得合作机会，劣势变成了优势。恰恰是在你认为行不通的时候，人们才会帮助你。

首先，即使你处于不利地位，你也很少需要担心失去生命，除非你是一家创业公司的总裁，否则你既不需要拿出数十亿日元也不需要安保人员来保证人身安全。换句话说，你在游戏中没有什么可失去的。然而，你却总觉得自己正在失去一切，所以很难迈出第一步。

有句话说："在做决定时，你要遵循前 2 秒的直觉。"简而言之，当你下定决心做一件事之后，你就不用再为此烦恼。你应该在做事的时候，一边奔跑一边烦恼。

例如，开设"社会"课程是我在担任校长之前就有的想法，但设立学校支持区域总部（现在的区域学校协作总部）以及将课程从 50 分钟改为 45 分钟，都是在与孩子们实际交流并思考如何让每个人的学校生活更加愉快后产生的想法。重要的是，不要只沉浸在自己的想法里。

通常情况下，不顾一切地去做事才更好。

"DADADA"的无限循环

没有职场人会对"PDCA 循环"感到陌生。为了使业务准确而顺利地进行，有必要按照以下步骤改进。

（1）Plan= 计划（P）

（2）Do= 执行（D）

（3）Check= 评估（C）

（4）Act= 改进（A）

完成一轮之后，再回到（1），重复这些步骤。其目的是通过重复这一循环提高做事的精确度。

这个管理循环当然很好，但在今天这个快节奏变化的世界中，不可能完全及时遵循这四个步骤。现在更需要实施后立即改进，实施后再次改进。我把这称为“DADADA的无限循环”。

在过去，PDCA就足够好了。假设当我接任校长时，我会在第一年制订一个计划，在第二年召开会议，找出计划的问题。在第三年，我想出一个修改后的正确计划，在第四年，终于开始行动。那时，我正好要被调走，最后虽然什么都没有改变，但仍然不会出大的问题。

然而，现代人不允许有这种悠闲的态度。如果你要做事情，要试着尽快重复执行三次“执行—改进”。如果这不起作用，你应该立即放弃。反之，如果你能看到成功的潜力，就重复修改100次乃至1000次。丰田的看板管理技术和系统就是基于这样的做法。

看起来这个世界充满了坏消息，但如果你仔细想想，计算机和移动电话还会继续以难以想象的速度发展。新干线列车和汽车的性能和设计也越来越好。我们周围的产品肯定在改进。

为什么会这样？比如，3000 人参与改进某款产品，如果每个人每天改善这个产品的一个细节，这意味着在一年内该产品将有大约 100 万个改善。我担任校长后，在第一次开学典礼上就向孩子们讲了这个道理。

“这所学校只有 169 名学生，但如果加上家长，大约有 300 人。所以哪怕每人每年只改进一个细节，比如，‘我在这里种花吧’‘我修理这个东西吧’‘我打扫厕所吧’，然后就去做。如果这样，三年内也有 1000 次改进。经过 1000 次改进，学校难道不会变得更好吗？如果你有思考的时间，不如先直接采取行动。你可以在无尽的循环中边行动边改进，在不确定的时间里勇往直前就好了。如果你失败了，继续改进就可以了。无论如何，要迈出第一步。”

这种方法可以称为“纠正主义”，它不是寻找“正确答案”的做法。你既可以把“纠正主义”用在工作中，也可以把它应用到生活里。

不要担心。

在你前进的过程中，未来也会为你铺好道路。

第 3 部分

人生战略的底层逻辑

11　表演技能、公共素养和多视角思维

新成年人的三个条件

儿童怎样才算成为成年人?

到底具备了什么能力才能被认为是成年人?

对此有各种观点，比如经济独立，搬离父母的房子独自开始生活，或者年满 20 岁时就被认为是成年人。

我认为，成年人不仅要做“真实的自我”，是否还有一个“扮演的自我”是成年人与未成年人的分水岭。

除此之外，成年人还有一个标志是具备公共素养。你是否能在公开场合进行有逻辑的辩论。这个世界上有很多人，每个人也有不同的想法。有一些人的生活价值观与你的价值观完全不同。如何与这样的人打交道?你是否能够与他们进行讨论并找到共同点?与许多人见面并加深交流，我们获得了一种公德

心。这样的人才算一个成年人。

最后，最重要的方面是批判性思维（critical thinking），虽然它直译为“批判性思考的能力”，但英文单词critical也有“必不可少”的意思，所以我把它翻译成“多视角思维”。

多视角思维方式不满足于用简单的模式看问题。

“这背后一定有深层的原因。”

“如果从这个角度看问题，可以看到完全不同的事实。”这就是多视角思维方式。是否具备这种能力，也是判断一个人是否算得上是成年人的重要标准。

这三个要素深刻地相互关联。表演技能——扮演婴儿的角色，扮演老人的角色，扮演律师、法官的角色，扮演被告的角色——有助于培养多视角思维。

只有当你利用这种多视角思维形成自己的想法时，你才能在公众面前辩论。在辩论中，你不断地说服别人也被别人说服，你的想法在这一过程中会变得更加清晰。

反过来说，除非反复经历这三个循环，否则你永远不会成为一个成年人。这就是新时代的成年人的条件。

“扮演的自我”是一种风险对冲策略

在幼儿时期，每个人都认为：“我就是全世界。我所看到的就是全部。”在 10 岁至 15 岁之间，他们越来越明显地意识到事情并非如此。

例如，每个踢足球的男孩都认为，“如果我一直踢下去，我可以成为本田那样的人”。但当他们到了小学高年级，他们逐渐意识到自己与周围人的差距，比如“过去两年我一直坐在替补席上”。

或者，你曾经觉得“我和童年伙伴会永远一起成长”，但学习好的她会去高等学校，你们也渐行渐远。通过这些不同的经历，你学会把自己和世界分离开来。

在这个过程中，你如何定位自己？能够从另一个视角看待自己，是成为一个成年人的前提条件。

别人不按照你喜欢的方式对你，事情不按你希望的方式发展。即使你正在遭受胃痛的折磨，世界还是照常运转着，没有停歇。这时，你就需要重新审视自己和世界的关系，并且俯瞰这个世界，这样，你才能培养“另一个自我”。

在一个极度愤怒的自己身边，还有一个笑着旁观的自己。如果做不到这一点，你就只能与自己死磕，这极其痛苦。

婴儿只与一个自己较劲，但长大后就不这样了。

如果扮演的自我不能看着真实的自我说“这有点过了”，那就真的很痛苦了。这是因为人总是会犯错误。特别是在 10 岁以后，人会在失败中积累失望情绪。届时，你要想一想如何为自己开脱。

例如，你相信“她一定喜欢我”，但结果你想错了。在这种情况下，你如何安慰自己？如果像漫画《天才傻瓜》中的巴卡邦爸爸一样爱钻牛角尖，那生活就太难了。如果你只做真实的自我，你会被生活击倒，面临生或死的考验。

如今，没有“扮演的自我”的年轻人越来越多。我相信，这种趋势也与年轻人自杀率增加密切相关。

如果你想要扮演一个赌上一切的角色也可以。但是，你同时还要扮演导演，对那个演员说：“你被甩了吗？怎么回事，要演成一场心碎大赛了。”这是非常重要的。如果一个人能调侃说：“摔倒了就躺一会儿吧，太好了。”我相信这样的人不会自杀或杀害别人。

重要的是你能够在多大程度上拥有另一个自我。或者说，当事情进展不顺利时，是否有一个“表演的自我”，把不利的形势变成笑谈。我相信，能够把自己的失败讲成笑话的人是成年人。

当我评估人的时候，最关注的是他们能多风趣地谈论他们的失败。这是评估一个人沟通能力最重要的一点。总之，为了让自己成为主角，你既需要演技，也需要开始表演。

如果没有演技让自己变得强大，一个人就无法在社会立足。

过去，日本是一个农业社会，所以家庭既是工作的地方，也是一个一起吃饭的地方。工作是以家庭为单位开展的，所以孩子也是劳动力的重要组成部分。整个家庭必须同心协力才能完成工作。房子的中心有一个小炉子，全家人早上和晚上都会围在这里。它也是生火的地方，所以无论是婴儿还是老人都必须一起吃饭。当然，盛饭的顺序应该是祖父、祖母、父亲和母亲。

然而，随着世界的重心从工业转向服务业，工作也开始与家庭分离。孩子可能不知道父母做什么工作。他们所看到的只是父母打着哈欠说：“好累啊，好累啊。”

另外，大家也不再需要一起吃饭。微波炉的发明和便利店的普及加速了这一趋势，现在单独吃饭已经成为常态。

要想有家庭的感觉，就需要家人一起工作或一起吃饭。在过去，这是很平常的事，甚至不需要考虑什么是家庭。

然而今天，家人做着不同的职业，也各自吃三餐，没有人知道什么能维持同一个家庭的认同。曾几何时，许多房屋开发商专注于设计宽敞和实用的客厅，认为客厅是一家人可以感受到凝聚力的地方。

然而，事实证明，这迟早会变成一种幻觉。家人究竟如何在客厅里打发时间？假设一家四口都聚集在客厅里。父亲看报纸，母亲看电视，姐姐打电话，弟弟沉浸在游戏中。这仅仅是共享一个空间，没有任何合家团聚的氛围。

我认为，投资厨房比投资客厅更好。这是因为善于做饭的父母可以把家人聚在一起。成为一名好厨师需要最高的演技，也是你可以使用的最有力的工具。厨房是表演家庭的最佳舞台。

如果你想把家作为表演舞台，也可以展示自己的专业能力。特别是全科医生这种职业有很强的影响力。当父亲或母亲穿上白大褂上班时，许多病人会说："谢谢你，医生。"看着这种场面长大的孩子会尊重他们的父母。

然而，许多孩子对父母的工作场所或职业了解不多。当父亲回到家时，他们已经喝醉了，在床上打鼾。从孩子的角度看，他们是吵闹的人。孩子们只有在他们回家的时候才能看到他们，所以难怪孩子只会认为"我爸爸总是喝醉，很麻烦"。

我有一个姑姑，她总是捧着家里的长子。事实上，即使姑姑很了不起，她仍然维护长子的权威。这就是父权的运行方式。然而，如今不再有大的家庭，与姑姑一起生活的情况已经很少了。因此，父亲的尊严正在迅速消失。

而当电视和互联网进入日常生活，孩子能从父亲那里学到的东西真的很少。父亲展现权力的舞台已经不复存在了。

父亲们应该重新思考他们的存在价值。我认为现在所处的时代，只有扮演好父亲的角色，才能得到孩子的尊重。

同样的情况也发生在教育领域。学校的讲台设计用来尽可能让矮小的教师看起来高大。然而，在平等和公平的名义下，维护尊严的手段已经消失了。因此，教师作为个体，必须建立自己的教师形象，并能将其展现出来。

总之，现在即使是家人，也要互相配合，才能保持家庭的团结。这意味着，认为一旦有了三四个孩子，每天和孩子们住在一起，就可以自然而然地成为一个家庭，这种想法太天真了。

这是一个相当令人震惊的事实，我们必须正视它。如果你想了解更多信息，请阅读藤原智美的《结交家人》，书名中的动词“结交”，也就是需要“表演”才行。

职场人如果有“经营公司”的意识，也会感到自在一些。如今，我们不是生活在一个按资排辈的世界里，所以年轻的老板和年长的下属这种情况就不足为奇。如果你没有“发挥演技”的想法，就无法从容应对。

从一个局外人的角度来看，利库路特公司可能看起来像一个“有真实感情的社交团体”，但事实并非如此。公司有很好的设定，你一旦进入公司，就像走进了一个剧院。因此，喊出“哟嚯！”并不难为情。我可以做到这一点而不必感到尴尬。“庆祝吧！拿下了一个大订单！”即使在公司里悬挂这样的横幅，我们也不觉得不合适。

在家庭中，在公司里，在其他任何地方，我们都要唤起“表演的自我”。这就是我们所处时代的要求。

扮演你想成为的自己，变得强大

到目前为止，我已经讨论了“真实的自我”和“表演的自我”之间的对比，为的是让读者更容易理解二者的区别。但准确地说，我自己的想法是根本没有“真实的自我”这回事。

事实上，只有“表演的自我”。

当然，你可以尝试称它为“真我”，但如果你寻找它，唯一可能的最终选择是死亡。最好的做法是认为“真我”实际上并不存在，它可以根据环境随意改变。重要的是要意识到在各种情况下最好用的自我，如，在公司中运作的自我，在家庭中发挥作用的自我等，并且用灵活的方式表演很重要。

如果一个人能够强烈地意识到他或她扮演的自我，就会很坚强。例如，如果工作的公司破产了，每个人都会感到沮丧。然而，在这种情况下，一个人“表演的自我”出现了，并说：“公司由于经济衰退而破产了，我失业了。好吧，我从现在开始要过什么样的生活？”扮演一个愿意重新开始生活的人就不会被逼上绝路。倒不如说，抱持“在这样的日子里，我怎么能不嘲笑自己呢？”这种想法能让自己感到轻松。

例如，小岛虎之助曾负债 3000 亿日元，但他却无忧无虑地过着自己的生活。这些钱都是从一家大银行借来的长期资金，所以他的生活之道是“我将在 2500 年还清全部款项”。我曾邀请他参加我和伊藤先生一起做的一个节目，由于某些原因，他后来留了下来，成为节目的常驻评论员。

我认为他能够这样做是因为他自己扮演着“真还传”的角色。即使你处于谷底，只要你有能力，就不会轻易被打垮，就能重新站起来。

我相信，这种能力对每个人来说都是与生俱来的。

12　公共素养

在儿童的世界里，“我＝神明”

另一个区分儿童和成年人的标志是他们是否有公共素养。

幼儿没有“公共”的意识。他们认为，世界是自己的延伸，他们就是神明。

这种感觉过去通常可以在10至15岁之间得到纠正。但现在的孩子不同，他们有自己的房间，有智能手机和电脑。如果他们在自己的房间里吃饭，那里就有点像办公室或酒店，那些地方就成了世界的中心。孩子仍然觉得世界是围绕着他们转的。

过去还有社会性的成年仪式，孩子会融入社区，成为一个成年人，但现在这样的仪式正在减少。如果不经历成年仪式，不发展公共身份，孩子只是在身体上成为一个成年人。

这就是学习角色扮演，或者说表演的艺术很重要的原因。培养公共意识的最简单方法是玩“过家家”游戏。我们从很小的时候在游戏中学习社会角色。通过扮演家庭角色，我们可以了解诸如母亲的态度和自己在家庭中的地位。

说一个有点偏离主题，但很有趣的事实：孩子们仍然玩着“过家家”游戏。然而，游戏的含义在 20 年来已经发生了根本性的变化。这一点在游戏中“最受欢迎的角色”的变化中体现得最为明显。

哪个角色最受欢迎呢？对我们这一代来说，自然是“母亲”。通常是有领导能力的女孩先发言：“嗯，我是母亲。”就这样，她第一个为自己争取到好角色。现在母亲的人气已经降到了第二位，第一位的是什么呢？

实际上，是“狗”，一种宠物。因为宠物是无条件地受到大家的喜爱。顺便说一下，没有一个孩子会扮演父亲的角色。

总之，通过不断尝试角色扮演，他们习惯于理解其他人的感受和想法。通过与社会上各种有表演能力的人见面和讨论，他们学会了做一个有公共素养的人。

根据平田织佐先生的说法，西方戏剧始于希腊，民主也始于雅典，它们都是起源于大约 2500 年前，大致是在同一时期。在民主制度下，人民必须自己决定以前由国王和贵族决定的事情。然而，越是每个人都发言，大家的想法就越不一致，这就意味着那些声音最大、最强的人将获胜，最终的结果是与君主制一样的。

这就是哲学和戏剧诞生的原因。对于当时的雅典公民来说，参加戏剧节既是一种权利，也是一种义务。每一个成年男性每隔几年都必须上台表演。这是一种训练他们调和不同情感的方式。

戏剧是促进更丰富的交流的有效手段。带着这种表演能力走到公共舞台上，你也会在此过程中精进。

13　用多视角思维捕捉事物的本质

单纯的记忆不再受重视

新的成年人要具备表演技能和公共素养。第三个条件，也是最后一个——批判性思维。

我想问一个问题：应付考试的最重要技能是什么？

许多人会回答："记忆。"这是因为考试本身的形式是考查你能记住和再现多少正确答案。然而，当你与那些通过了困难的大学或律师资格考试的人交谈时，他们总是会指出，你不可能记住出题范围内的所有问题，所以你需要一种不同于记忆的能力。

我也同意这种观点。

以某年东京大学复试中的第一道地理题为例，方框里只写着一个问题："画一张非洲海岸线的粗略地图，并画上赤道。"

接下来的问题是"描述赤道附近的坦桑尼亚目前面临的问题"。即使你能记住每个国家的产品和贸易项目，如果你没有思考过非洲整体的情况，你也不可能画好地图。这不是一个可以靠"记忆"回答的问题，而是一个考查考生思考真实世界的"世界观"的问题。

在备考过程中，我分析了过去十年考题中经常出现的国家和尚未出现的国家，并将目光投向了非洲，因此我能够顺利解答这一问题。对我来说，我需要的考试复习技巧不是记忆，而是猜测出题人要问什么的能力。

那么，如何才能提高你读懂提问者意图的能力呢？答案是始终质疑试题，并养成与出题者互动的习惯。

从质疑评论员的解释开始

一个有效的训练方法是对电视和报纸上的新闻进行批判性思考。

"批判性"这个词可能会让人联想到简单的抱怨或反对。然而，"批判"的原意是"评价一个人、行动、决策、学术理论、工作等的价值、能力、正当性、有效性等"（广辞苑）。它也可以理解为独立思考，形成对某一主题的个人意见的能力。

英文的“critical”一词还包括“有鉴识力的”的意思。

“啊？等一下。刚才的评论有点奇怪。”对电视主播和评论员的话语持质疑态度很重要。永远不要囫囵接受他们的观点。

在和田中学的“社会”课堂上，我们会提出一些必须充分利用批判性思维的问题，反复让学生进行头脑风暴和辩论。比如说：

“在哪里开一家汉堡店才更赚钱？”

“如果你是总理，你希望有一个大政府还是小政府？”

“儿童需要自己的房间吗？”

“如果你是父母，你会赞成克隆自己的孩子吗？”

家长和社区的成年人也都会加入这些话题的讨论中。此外，从一年级开始，和田中学的学生需要就以下问题写一篇文章：

“初中生不需要手机。”

“初中生不需要校服。”

“火车和公共汽车上没有必要设置爱心座位。”

“对熟悉的前辈没有必要使用敬语。”

“做志愿服务是为自己好。”

“失败和挫折最好迅速忘记。”

“初中生已经是成年人了。”

他们要说明自己是同意还是反对上述的每一条，并给出理由。他们在三年内写 50 次这样的文章。经过这样的培训后，他们在毕业时要接受类似“批判性思维测试”的考试。

“汉堡会变得更便宜还是更贵？写下原因。”

“如果你想以更高的价格出售橡胶，你会如何做？”

“如果你是校长，你要如何为学校创造价值？”

“用自己的话描述一下解决乱放自行车问题的方法。”

“人们歧视他人的情况是如何发生的？”

“一个 10 岁的男孩犯了谋杀罪。如果你是法官，你会问什么？”

“自杀是对还是错？描述自杀的利与弊。”

“描述宗教对人的意义。”

“除了经济独立，根据你自己的学校经历，你还有什么独立的途径？”

如果是你，你会如何回答这些问题呢？

智慧蕴藏在外部环境中

当养成了批判性思维的习惯后，你就会自己积累越来越多的智慧。这是一个独立个体成熟的重要过程，但为什么很多人都不看重它？

这是因为日本创造了一个智力蕴藏于外部而非内部的社

会，可以说是一个“超级便利的社会”。

想象一下。你去一家便利店，浏览一本漫画，买一杯可乐，然后回家。这一连串的行动根本不需要使用任何语言就可以完成。这是为什么呢？因为便利店已经提前想到了顾客的需求。便利店在建立系统方面投入了大量资金，以确定顾客的购买趋势，包括潜在的需求。

例如，一家位于居民区的便利店可能会在门口的位置摆上一系列健康饮料。从一个成年人的角度来看，这些饮料摆放的位置很低，这是因为这种设计是为了方便让从小学和初中课外补习班回家的孩子看到。孩子们不必去寻找他们想要的东西，或者说，他们甚至无须考虑自己想要什么。这就是我们这个超级便利社会的象征性场景。

虽然我们不再需要使用语言，但机器却经常说话。如今，各种家用电器都会说话。汽车与我们交谈，自动售货机和电梯与我们交谈。

我们本应该用智慧武装自己，让智慧为我所用，但由于智慧已经嵌入我们周围的环境中，我们对它的需求正在减少。

如果你习惯了这种状态，就没有办法进行批判性思考。你被感动、被操纵，按照电视告诉你的方式行动。手机本应该是我们的工具，但实际上我们被智能手机所利用。

这样下去真的没有问题吗？

常识是真的吗？

如果你想摆脱外部信息的束缚，首先要质疑现有的常识。

例如，把“便利店是必不可少的，因为它们很方便”这个模糊的想法再往前推一步，问自己：“为了享受便利，我失去了什么？”

“拥有一个新产品是很酷的，我也想要一个。”在这样想之前，先想一想：“仔细使用真正的好产品，用智慧驾驭它们，不是更酷吗？”

当每个人都说他们是为了环境而购买环保产品时，我试着去了解一下制造环保产品对环境的真实影响。

如果你买保险只是因为“销售人员推荐”，那么请你重新考虑一次，而且是从零开始思考。分析你的梦想和风险，研究最好的保险策略，然后再根据情况，请教专家。

不要简单地决定“我不需要它了，我要把它扔掉”。在扔掉物品之前，试着找到可能使用它的人。

不要认为解决问题总是要花钱，要试着找出不花钱的方法。

在辞职时说出“这份工作不适合我”之前，问问自己：“我可以在这份工作中做什么或学到什么？”在认为“这家公司不适合我”之前，考虑一下：“这家公司难道不是正确的选择吗?”

在因为缺乏营养而动手购买补品之前，尝试一下是否能改变你的生活方式。

如果你总是简单地用快餐或冷冻食品充饥，那就试着看看冰箱里的东西，用现有的材料做饭。

你觉得怎么样?

只要做到以上列举的这些事情，你不觉得自己的生活可以变得丰富很多吗? 这就是批判性思维的好处。

14　角色扮演和辩论训练你的头脑

正是因为没有正确答案才要不断思考

与他人对话是磨炼批判性思维能力的有效途径。听取别人的观点，将其融入自己的观点，更新自己过去的想法，再次提出新想法，在这个过程中，你的批判性思维能力也能得到锻炼。

请思考一下“婴儿信箱”这个话题。

婴儿信箱是一个可以让父母匿名弃养他们因某种原因无法抚养的新生儿的系统。2007 年 5 月，在熊本市的一家医院设立了一个名为“白鹳的摇篮”的婴儿信箱。

其目的是保护父母不想要的婴儿免遭谋杀和堕胎。新生儿太无助了。他们的父母可能因为疾病或经济原因无法抚养他们。意外怀孕的少女等可能会抛弃自己的孩子，这些“弃儿”

会面临野狗、低温和中暑等威胁。设立婴儿信箱是为了保护新生儿免受这些危险。

在医院的墙壁上建有一扇特殊的门，里面放置了一个恒温的保温箱。当婴儿被放入其中时，婴儿的体重会触发警报并传送给医院工作人员。医院安装了监控摄像头，但只显示婴儿的情况，以保护父母的隐私。

只有出生头两周内的孩子才能被放进这个箱子里。之后，父母可以站出来要求继续抚养孩子，或者，如果他们被认为没有能力这样做，就把孩子交给亲属或等待收养的父母，并且剥夺亲生父母的抚养权利。如果父母不露面，孩子就会成为“弃儿”，医院工作人员与警察和市政厅联系，并由法院做出决定后移交给专门的抚养机构。

现在，你同意这种婴儿信箱制度，还是反对它？

赞成的人有什么意见？代表性的观点是：“遗弃孩子是一个真实存在的现象，我们应该不惜一切代价保护孩子的安全。”

“它可以防止新生儿被杀害、虐待和忽视。”

“它为那些原本可能因为堕胎而无法存活的儿童提供了生存的机会，给他们选择父母的机会。”

相反，反对者则提出了诸如“这反而会鼓励遗弃儿童”和“遗弃现象可能会增加”等观点。由于这个问题没有唯一的正确答案，所以人们的观点会截然相反。

然而，没有这样的辩论，我们的想法就无法得到完善。正是通过反复辩论，人们才会发展出批判性思维，才能够从多种视角看待事物。

在成年人世界中练习“社会”课程

应试教育培养的能力是根据预设的世界观玩游戏并迅速找到正确答案的能力。例如，当被问及“哥伦布是在哪一年发现美洲的？”时，要回答“1492 年”。考试的得分，展示了“可见的学习能力”。

另一方面，在未来的成熟型社会中，人们更需要结合现有知识和技能，批判性地阅读和理解问题的能力，换句话说，批判性思维。

这是在头脑中思考“哥伦布发现美洲后，人们的世界观有什么变化？”这类问题的能力。这种思考有助于预测伊拉克战争的影响和朝鲜的未来局势，以及想象自己的工作和生活与世界的变化之间的关系。

寻求正确答案的能力是“信息处理力”，这是快速完成拼图的能力。每块拼图只有一个正确的位置。然而，整张图案是制造商预先确定的。

批判性地认识事物的能力是“信息编辑力”，这是玩乐高需要的技能。单个零件很简单，但通过组合，它们可以成为宇宙飞船、房屋、动物、人，甚至创造整座城市。可以说这是塑造世界观的能力。

对于生活在复杂和快速变化的成熟型社会中的人们来说，信息编辑力是拓展选择空间和丰富生活必不可少的能力，这是显而易见的事情。

出于这个原因，我希望人们在成年人世界中也能实践“社会”课程。

当你和同事出去喝酒时，与其说公司或老板的坏话，不如互相交流关于自己如何完成一个项目的想法。或者和朋友一起，试着相互交流一下对时事的看法。你还可以与家人讨论老年护理问题。

这些经历会锻炼你。用自己头脑思考的能力，将是推开下一个时代大门的关键。

15　35岁的人需要三种素养

成年人需要“PISA”要求的学习能力

让我们来看看PISA调查中的一个问题，这是经济合作与发展组织每三年进行一次的国际学术能力测试。

该问题要求学生对城市中常见的墙壁上的涂鸦发表意见，这是教育界的一个著名话题。这两封信中，你更喜欢哪一封？

> 我对学校墙上的涂鸦感到不安。这已经是我第四次不得不清除墙上的涂鸦和重新粉刷墙面了。作者的想象力很丰富，但他应该知道如何在不给社会造成额外损失的情况下表达自己……在我看来，一栋建筑、一个栅栏或一个公园长椅本身就已经是一件艺术品了。涂鸦破坏了这样

的艺术品，真的很可悲。不仅如此，涂鸦的材料还破坏了臭氧层。既然这样的“艺术作品”每次都会被抹去，为什么这些犯罪的艺术家还要去涂鸦？我真的不明白。

——海尔加

一花一世界。人们的喜好各不相同，世界也因此充满了各种不同的沟通和广告方式。公司标志、商店招牌、街道上醒目的大海报。这些东西是被允许的吗？是的，大部分都是经过允许的……挂牌子的人是否征求过你的同意？没有。那么，画涂鸦的人是否应该征得同意？这只是一个沟通的问题。你自己的名字，少年犯的名字，在街上看到的大制作，都是一种沟通方式……我们正处在一个艺术多元化的时代。

——索菲亚

那么，你同意这两封信中的哪一封？请把书放在一边，根据两封信的内容，用你自己的话总结一下你的想法。

感觉如何？容易吗？还是很难？

在真实工作中，你可能会发现很少遇到答案显而易见的情况。为了应对这个时代，不仅在重点高中和大学的考试中，而且在公司的面试中，越来越多的问题要求你“自己的想法”和

“用你自己的话回答”。这是一种国际趋势。

阅读素养、数学素养和科学素养

PISA 要求的学习技能与素养一词密切相关。素养直接翻译为“阅读和写作能力”，但我的感觉是，它不仅仅考查吸收别人写的东西的能力，而是要将其与批判性思维相结合。

PISA 的三个素养定义是：

（1）阅读素养。

以实现自己的目标，发展自己的知识和潜力并有效地参与社会为目的，理解、使用和反思书面文本的能力。

（2）数学素养。

发现和理解数学在世界中的作用。在现在和未来的个人和职业生活中，在与朋友、家人和亲属的社会生活中，以及作为一个对于社会有建设性的贡献和思考的公民，在面对没有正确答案的问题时，根据合乎逻辑的数学推理做出决定。

（3）科学素养。

使用科学知识，澄清问题和得出有证据支持的结论的能力，了解自然界和人类活动引起的自然界的变化并做出决策。

仅仅阅读这个定义，你就会意识到它与我们在日常生活中使用的“学习能力”有很大不同。

“有效地参与社会”“根据合乎逻辑的数学推理做出决定”“得出有证据支持的结论的能力”……从“有效地参与社会”这句话可以看出，所有这些素养都与我们的社会生活密切相关。

这三种素养也直接适用于现代的成年人，是我们“必备的技能”。

请再次仔细阅读它们，并问自己：“我已经拥有哪些技能？还缺乏哪些技能？”

第 4 部分

职业生涯才能真正帮助你

16　工薪阶层的能力与头衔无关

真正的独立是能够在没有名片的情况下工作

在作为职场人工作了30年后，我终于可以在没有名片的情况下工作了。

当我说终于取得了“不用发名片的地位”时，你可能认为只需要出名就可以了，但事实并非如此。关键是要培养“不必依赖公司组织及其品牌的能力”。

当我最初加入利库路特时，我认为带着名片工作很酷。然而，当时利库路特还不是一个大公司，所以当我出示名片时，对方会说：“哦，是那个利库路特吗？”根本没有我想象的效果。

我有一段关于名片的记忆，当时我还是个新人。我负责东洋社（现在的LIXIL）的工作时，对方的总务部负责人认为我的想法很“有趣”，当我再次拜访对方公司时，他准备了一张印有“藤原和博，东洋社企划办公室室长”的名片。

他说：“我希望你能怀着这种感受工作，请好好努力吧。”我仍然记得他说这句话时自己的喜悦之情。

我想做一份不用发名片的工作。大概是在我感染梅尼埃病的时候，我开始隐约意识到了这一点。就在那时，我迈出了从一个组织的囚徒到一个自由人的第一步。

在日本，说得极端一点，“与工作有关的交流是依靠名片进行的”。对于那些在大公司工作的人来说更是如此。

“这是 ×× 贸易公司。”

“我明白了。我在 ×× 银行工作。”

沟通仅仅是建立在这样的信息交换上。只要知道了对方的科室的名称和职位，大多数人都觉得了解了彼此。公司的名字比人的名字更重要。他们属于哪里比他们是什么样的人更重要。

然而，如果对方是个孩子呢？他们可能对你工作的公司一无所知。对这样的人，如果你想要炫耀一下，说：

“我为一家在东京证券交易所第一部上市的公司工作。”这不会有什么效果。

我曾经邀请在文化战略委员会认识的林真理子女士到和田中学做客。我请她在初中生面前演讲，但学生们对林女士了解不多，因为她的作品的读者主要是高中以上的学生。

至于同样作为嘉宾前来的樱井佳子女士，初中生最多只是认为她是上过电视的人，他们不知道她作为记者的工作多么了不起。对于初中生来说，林女士和樱井女士都是“老太太”。

甚至作曲家三枝成彰也只是一个叔叔。很少有初中生对歌剧感兴趣，所以当你说：“当年我创作歌剧的时候……”孩子们也毫无兴趣。能让中老年人兴致勃勃的内容，并不适用于初中生。

在孩子的世界里，不会因为你是名人就对你高看一眼。当你站在初中生面前时，就需要自然而然地抛弃头衔，把交流当作一场“传达出自己独特而有趣的一面”的严肃战斗。

三枝先生谈到了东西方的歌剧历史，但过了一会儿，一些学生开始打瞌睡。对我来说，这是最有趣的讲座，但从一开始，初中生的心似乎并没有被抓住。

但三枝先生的过人之处在于，他认真对待结果，不断修改和完善内容。林先生和樱井先生也是如此。他们原本就不是靠头衔吃饭的人，所以他们能够毫无阻力地进行调整。

要得到孩子们的赞赏并不容易，即使是作家、记者和作曲家这些自由的人也很难做到。

然而，也不应该觉得太困难。例如，“我养了 20 年的金毛猎犬，也见证了它的三次分娩。在训练金毛犬幼犬方面，我是个专业人士”。这就更有吸引力了。或者，“我有七个孩子。在做家务的同时还要抚养孩子是一个相当大的挑战。我是一个专业的‘孩子养育家’，可以说，我在这方面有大量的专业知识”。你觉得这样的演讲怎么样？这些内容足以让孩子们对你肃然起敬。你的特点是什么，在你摘下头衔后，什么使你有魅力？我希望你好好思考，如何在不使用名片的情况下做自我介绍。

剥去假象的公式

最近，有些人在介绍我时遇到困难。这是因为我没有其他职场人那种形式的头衔。有人介绍我是杉并区和田中学的前校长，或者是一名作家。

一个人对我说：“在本世纪的工作分类中，没有任何头衔能准确地描述你是谁啊，藤原先生。”我听到他的话，在感谢他说出真心话的同时，对他说：“叫我最强风太郎（频繁换工作的人）怎么样？”我笑出了声。我这么说一半是开玩笑，但一半是认真的。

当我还活跃在职场时，我有一个利库路特公司的金字招牌，也有适当的头衔，如部门经理和部门主管。

现在看来，我自己甚至也难以形容自己的工作，但我一点也不会为此感到困扰。事实上，我感到更加荣幸。

让我们分析一下我当时有哪些头衔。首先，它是一个职位或头衔。与之相伴的，还有人事和预算权力。此外，还有一间漂亮的办公室。这些也让我看起来比真实的自己更好。但它们与我的能力毫无关系。

在这里：

职位 + 头衔 + 人事权 + 预算权 + 办公室 = 虚饰

我进一步从我自己中减去上述内容，就变成了：

藤原和博 - 虚饰 = 最强风太郎

这样说面子上可能不太好看，因为手上没有可以用来唬人的东西。然而，我自己一点都没有改变。我不属于一个组织，并不意味着我已经失去了我的能力。

我并不是说每个人都应该独立。当然，有些工作只能在组织中完成，如果你发现其中的价值，那么你应该作为公司员工工作。

然而，重要的是要意识到，这些虚饰并不是自己的能力。然后，我希望你能想一想，如何磨炼与头衔无关的属于你自己的能力。（后来，我想出了“教育改革实践者”这个原创头衔，并愿意使用它。）

一旦你离开组织，头衔附带的权力也完全失效了。这是因为它是一种只在有限条件下才能行使的权力，是由公司或政府给予的，并不是一个人固有的能力。

17　重整自己的生活

重组我们的生活态度，戒掉电视和报纸

你每天花多少时间看电视？

你什么时候，看什么节目？

当你下班回家时，一解开领带，就会伸手去拿电视遥控器。或者也许家里的其他人已经在看一个节目了。

你面前的屏幕上可能正在播放一个综艺节目，里面有喜剧演员在蹦蹦跳跳，也可能是一个新闻节目，评论员脸上带着神秘的表情解释一个事件。

当你把饭菜送到嘴里时，你默默地看着电视。电视是如此顽固地嵌入我们的生活，以至我们可以轻易想象出上述场景。事实上，我自己就是电视一代的典型代表，从小就喜欢电视。

在我结婚前，我早上起床后做的第一件事就是打开电视，有时只要晚上 10 点之前到家，我就会边看电视边吃零食。

当我的孩子出生，大儿子开始说话时，我就开始与电视保持距离。我的妻子是在一个“吃饭时不看电视”的家庭中长大的人，也是她最早提议：“从现在开始，让我们一起边吃边聊。”

在我妻子的家庭里，全家人围坐在餐桌旁谈论一天的事情是很正常的。但作为一个独生子和一个电视儿童，这对我来说简直就是天方夜谭。

“在家里的早餐和晚餐是用来进行家庭谈话的，就像与客人或同事用餐时一样！”

这是一个伟大的发现。

几年后，我们全家在欧洲生活了两年半。正是在这段时间里，我们注意到在法国和英国的中产阶级家庭的客厅里没有电视。

当问及电视在哪儿时，他们说，电视在夫妻俩的卧室里。电视基本上是只有夫妻两人在早上醒来和晚上时用来看新闻和电影的。有时请朋友来吃饭，电视也是用来让孩子保持安静的工具。把它放在招待客人的地方是不自然的。说得更直白一点：“在客厅里有一台电视代表主人不能享受谈话，是没有教养的标志。”

回到家里，我看着客厅里的电视想："电视里有很多精彩的节目。但如果我们不做点什么，电视就会成为我们的主人。这是一个艰难的选择，但我已经下定决心，把电视从客厅里搬走。事实上，当电视真的被移走时，我根本没有感到任何不便。一切都很好。"

电视是一种诱惑毒品，它可以让人上瘾。

另一件事是，我们也应该批判性地思考报纸上的报道。曾经有一段时间，如果我早上不翻阅《日本经济新闻》上的企业报道，就感觉很糟糕。我想这是一种强迫症。

在日本，报纸似乎已经成为一种"与世界保持同步的保险"。你购买的不是信息，实际上是心灵的安宁。许多人几乎不加批判地接受报纸的论调，认为那就是自己的观点。这是很危险的。

首先，试着停止订报纸。如果你想读它，就在附近的便利店买一份。即使仍然每天阅读，只要自己积极行动起来"买"，就能帮助你避免无意识地重复。

其次，试着把电视搬出客厅。如果你做了这两件事，你的生活会有很大的改变。

你将不再被信息淹没，你将不再把评论家的论述误认为你自己的观点。

重组工作内容，停止招待活动

对于职场人来说，招待是工作的一个重要部分。

“我喝酒不是因为喜欢喝。这是我工作的一部分。”“高尔夫是销售的一部分。我放弃了假期来工作。”

许多人可能会这样对自己和家人说。我也是如此。特别是年轻的时候，我每天都和客户喝酒，在休息日和客户及朋友一起打高尔夫。

然而，当我在30岁被诊断出患有梅尼埃病时，我的生活发生了巨大的变化。到了第二家喝酒的酒吧，我的头就开始眩晕。这种情况下，留在酒吧就没有意义了。

九点左右，我站起来说：

“很抱歉。我先告辞了。”当对方想到第二家或第三家酒吧时，我让下属和同事陪同。

我停止打高尔夫其实不是因为生病，而是因为我不想让我的私人运动被工作中的“老板—下属”关系掩盖。这也是由于在打完高尔夫回家的路上，一位同事在高速公路上发生了车祸而引发的。

当我第一次停止招待和打高尔夫时，我也担心“一个职场人真的可以这样做吗？”但事实上，我几乎没有遭受什么损失。这是个惊喜。相反，我有更多的时间花在自己身上，特别是阅读上，我的生活也变得更加充实。

在患梅尼埃病之前，我有一种强烈的感觉，我不希望别人讨厌我。我认为我只是打着“工作”的幌子进行招待和打高尔夫球，扮演着一个“喜爱社交的好人”的角色。

如果你也像我一样，从小就习惯于寻找“正确答案”，就很容易患上“好孩子综合征”。只要有人邀请我，我就会出现在婚礼、葬礼和宴会上。可以说，这就是“好孩子综合征”。

作为一个比别人早一步摆脱这种综合征的前辈，我建议你尝试以下方法：

放弃追求“我不想被嫌弃”或“我需要被别人喜欢”的感觉。

学着拒绝婚礼和葬礼。我也会停止喝酒、应酬和打高尔夫球。退一步讲，把你要做的事情减少到你一直做的事情的十分之一。

我完全理解，这并不容易。就我自己而言，如果没有梅尼埃病，我就不可能放弃把招待当作工作的武器。

在这个意义上，对我来说，疾病是一个机会。

“请原谅我。由于我患有梅尼埃病，不能再喝更多酒了。”许多人不熟悉什么是梅尼埃病，所以他们别无选择，只能似懂非懂地接受我的说法。梅尼埃病已经成为我无往不利的“挡箭牌”。

在日本社会，在大家一起工作的情况下，有两种情况可以拒绝别人：要么生病，要么家人有事。

各位，请让你的疾病成为你的盟友。以你的疾病为借口，继续说不。

开始新事物的唯一方法是停止做旧事物。

重组你的思维，停止积极思维

你必须始终有一个良好的形象。永远不要用消极的眼光看待事物。

每天，你必须说出你的目标，并提醒自己，你可以实现这些目标。

我并不打算彻底否定上述所谓的积极思维。根据经验，我可以说，积极思维对促进你的工作和实现梦想非常有效。如果你能把愿景变成文字，你就能找到自己的盟友。最重要的是，愿景也会变成具体的目标。

然而，我认为有时忘记积极思维也很重要。你不必那么严格地坚持积极思维。

我当校长有一个习惯，就是早上5点起床，做瑜伽和洗澡。多亏了这一点，五年来我没有得过一次感冒。

这是积极思维的结果，自从我离开校长岗位后，我没有继续这样做。与那时相比，我现在的生活要轻松得多。

然而，我们也必须考虑每天留出时间来放松的价值。事实上，这是为下一项工作做准备。有时候，自由是很重要的，没有必要因一天中的自由时间感到内疚。

事实上，积极思维太强的人，从旁观者的角度看，会让人有点不舒服。例如，在一次讲座之后，他们可能会说："谢谢你，先生，你的讲座很精彩。从现在开始，我将更加努力工作。加油！"

我想："你不必如此认真……"我不是特别喜欢像打了鸡血的教练型的人。

也有一些人在面试时强调自己多么积极向上。作为一个专业面试官，我不得不说，听那些充斥着正能量的演讲会让人感到很无聊。

最好的做法是能够表达自己性格中的消极方面，例如："我不擅长这个，所以我应该练习克服它。"

如果你只发出正离子，就会与面试官的正离子发生冲突。有时，发出负离子吸引对方的正离子是一个有效的策略。

电视、报纸、招待、高尔夫，以及对一切事物的积极思维。当你停止做太多事情时，你就可以开始看清你与世界的关系。

当我生病时，我回顾了所有一直在做却没有明确原因的事情。我不再买以前喜欢的画，不买新车，很少买衣服。我开始思考曾经不加选择阅读的书籍。

要有勇气说“不”。要鼓起勇气放弃。这两件事会让你的生活发生难以置信的变化。从现在开始吧，永远不会太晚。

18　重整生活的武器是什么？

是否有一份你真正想做的工作？

1984年，我被任命为利库路特总部的公共关系和研究部的负责人。当时，公司正酝酿更名并且筹备下一年成立25周年的纪念活动，有好几个项目要同时推进。

我把这当作一个机会，考虑制作一部电影，创造一个不同于以往的工作方式的新企业形象。然而，只要是拍电影，我就希望它一定成功。我直接向乔治·卢卡斯发出了一封邀请信，尽管我认为这种做法很鲁莽。

“你能呈现东方的神仙吗？比如说，孙悟空。如果你认为可以，我考虑对该项目进行投资。”

这是30多年前的事了。我以为他们不可能对如此冒昧的信息做出回应，但令我吃惊的是，大约三周后我收到了回复。

“如果你让我用计算机图形制作整部电影，我就做。”

我高兴极了，但同时我又想：“这至少要花 50 亿日元。这对公司来说风险太大。”我开始冷静地分析。我判断，仅靠文字展示是不可能通过立项的，所以我决定另外准备一个计划，请人用大约 5 亿日元制作一部动画片。

当时，我刚刚读了手冢治虫的《佛陀》，非常感动。我立即试着给手冢先生打电话，他告知我可以和我见面。我们第一次见面时，手冢先生充满激情地告诉我：“如果我能够把歌德的《浮士德》拍成动画，我愿意去死。”

向社长和董事会汇报的当天，由于项目的规模，乔治·卢卡斯的提议真的被搁置了，但《浮士德》得到了批准。

此后，手冢先生多次访问公司，并提交了第一稿方案。然而，在第二稿的中间，他住院了，再加上公司的业绩恶化，这个项目被取消了。

当我去手冢制作所道歉时，我无法直视他的眼睛。我眼前浮现出企划刚通过时他的笑脸和他一边说着“我想做这个，我还想做那个”一边描绘梦想的神情。我粉碎了这些梦想。我理应承受愤怒、殴打和绝交。我身体僵硬，只能洗耳恭听。

然而，手冢老师这样对我说：“藤原先生。我现在完全明白了。这也是没办法的事。但是你在我和贵公司之间建立了联系。请不要切断这种联系。我真的很想制作《浮士德》，所以我会找别人合作。我一定会成功的。当我死的时候，我只需要把那部电影放在我的棺材里。藤原先生，当它完成的时候，一定要第一时间来看看。”

我一直低着头，眼泪止不住地流了出来。

从那时起，当我遇到困难时，我就问自己：“我是否有手冢先生那样坚强的意志？我真的想做这件事吗？我真的有那么强烈的热情去做吗？我真的想做这项工作吗？”如果对于以上问题的回答都是“是”，我就会全心全意地投入其中。做这些事情获得的经验、知识和技能都会变成无价之宝。

挑战 100 次

当我在利库路特公司做销售员时，前辈教导我要“每天拜访青山大道左侧的 100 座建筑”。我猜是因为这样做就可以消除一切奇怪的害羞或愚蠢的自傲。这是地狱般的训练，但每一个这样做的新人都在两个月内几乎完全成熟起来。

政治家们也是如此：他们习惯于在街头演讲，即使一开始很尴尬，但在经历了这个过程后，他们也会习惯演讲。我认识的所有政治家，即使在成名之后，仍然会进行街头演讲。一个有情怀的政治家必须把街头演讲作为自己的基本功。

话说回来，有一次我不得不支持一位候选人，在竞选车上担任主持人，当时我表现得还不错，对方就邀请我发表支持该候选人的演讲。我无法拒绝，所以当我站在竞选车顶上时，承受的压力之大是无法想象的。如果是一场讲座，在2000人面前讲话是没有问题的，但我必须在没有一个人看着我的时候对他们讲话。我感觉我的心脏就要爆炸了。

我别无选择，只好说："大家好。我是歌手佐田雅志。"我不得不讲笑话和唱歌。我想这是一个很好的经验，但我真的不想再做了，因为一生中很少有机会做这种演讲。

通过大量进行这种街头演讲，一个人能够变得不紧张地交谈。即使是推销小商品，如果你每天随机拜访100个家庭，就不会再害羞了。你会自然而然地学会如何表现才不会被人嫌弃以及如何用吸引人的方式说话。

如果有学生问我："我已经申请了20家公司的面试机会，但没有一家公司录用我。"我会建议他们无论如何要申请100家公司。除非你是一个刚毕业的学生，否则不可能申请100家公司。反过来说，如果你被所有的公司拒绝了，你可以写一本书。如果你拿着一本名为《为什么我被100家公司拒绝》的书找我，我会给你一个机会。

我在新潮社出版第一本书时，我决定去100家书店看看它的销售情况。然后，在去过30家书店之后，我可以在不知不觉中发现更多问题。如果你把目光放在 100 家，你可能会更容易找到问题的本质。

我还给了大阪府教育委员会两个月的时间，并告诉他们，如果他们可以预约 100 所小学和初中，我就去那里转转。结果，我最终访问了遍布城市、城镇和乡村的学校，这足以让我相信，和田初中的方法在 80% 的情况下是有效的。我能够招募到一个初步的合作者网络，并发现了许多不实地体验就不会知道的事情。

即使你不愿意承受 1000 次打击，我认为设定一个“100”的目标并去做事情也是有效的。自古就有“百次光顾”的祈愿方式，所以 100 这个数字可能有某种力量。

即使你最后没有做到 100，但往往在这个过程中你也可以看清全局。我们建议你先决定一个数字，然后像玩游戏一样去尝试。

在二三十岁的时候，积累“一万小时”

在成长型社会中，有一种信念是“努力工作就有回报”。

别人告诉你要在学校和家里“努力”，在补习班里还要“十倍努力”。在这种社会中，努力会得到回报。

如今，只是重复相同类型的努力已不再有效。这是因为我们已经处在一个成熟型社会。

然而，这并不等于说你不需要努力工作，有许多事情只有通过大量的实践才能学会。

前面提到的《异类》一书详细介绍了被称为天才的人花了多少时间进行练习。根据作者的说法，他们大约练习了一万个小时。

在走红之前，利物浦的披头士乐队接到了一个来自汉堡的演出邀请："给我一个能从早到晚演奏的乐队。"那时，披头士乐队每天演奏十小时是常态。他们当然有天赋，但正是这样的经历磨炼了他们的品位，使他们成为大明星。

马尔科姆·格拉德威尔这样说："成功人士会说'才能是一种天赋'。当然这可能是真的，但让天赋绽放光彩的是练习数量。"

当然，如果你不觉得"有趣"，你就不可能练习一万个小时。反过来说，能够对一件事积累一万小时的练习就是一种天赋。

我认为销售工作的特点很符合这一理论。诚然，销售人员可能要有良好的风格感，但更重要的是，要有大量的练习。即使一开始说不好，但随着时间推移，也会说得很顺畅。这是日常不断练习销售的结果。

我在利库路特工作时，公司早上和晚上都有会议。经理会让销售人员扮演客户来训练他们。当我们重复这个过程数百次以后，新员工也会变得越来越好。此时，我确信经验是最重要的东西。

我对此深信不疑。特别是在 25 岁到 35 岁之间的 10 年里，你的未来取决于你的练习数量和练习领域。

我绝不是说你应该无私地把自己奉献给公司。我希望你能利用公司为你自己服务，磨炼你的独特的技能。为了实现这一目标，我希望你明白，严格和长期的练习是必不可少的。

当你在 20 多岁和 30 岁出头的时候，即使有人告诉你“工作和生活的平衡很重要”，你也必须埋头苦干。毕竟，在你工作生涯的前五年或十年，你应该经历压倒性的艰苦工作。

如果像我一样工作到生病，可能就太过分了，但认真工作才能收获重要的经验。至少我可以肯定地说，如果我在年轻时就轻装上阵，我就不会拥有现在这样的工作和生活。

为了在四五十岁时有真正充实的工作和生活，你需要在年轻时掌握恰当的武器。

你会把一万个小时花在什么事情上？

19　组织中的个体

竞争的主体不是公司，而是个体

在我 30 岁之前，我开始走上了管理岗位，有时会承担一些我并不愿意做的任务。出于这个原因以及梅尼埃的影响，再加上与手冢治虫的偶然交集，我越来越怀疑自己是否应该继续在公司里工作。

我似乎有一种倾向，会被像创办新企业这类工作激发热情。在开发新的服务或产品或创建一个组织来提供这些服务或产品时，我的能量可以完全发挥出来。

相反，当执行的任务是让已经成型的业务更系统、更合理或降低成本时，我就不那么热心了。然而，如果公司命令我做某件事，作为一个工薪职员，我别无选择，只能服从，而且我决不能在下属面前表明态度，让他们觉得我并不真正适合这份工作。我的思想在自己想做的事情和对组织的责任之间做着激烈的斗争。

尽管如此，我们还是按照组织制定的规则进行比赛，如果取得成绩也会得到认可。那里的比赛很精彩。就在我就要陷入故步自封的状态时，公司发生了两起重大事件。

第一件事是 1988 年至 1989 年的“利库路特事件”。政治家和官僚接二连三地被逮捕，因为他们接受了肯定会升值的利库路特子公司未上市的股票，利库路特公司的总裁江副浩正也被指控为行贿者。

随之而来的是巨大的风波。媒体的报道都是关于“利库路特 = 邪恶”，以至于利库路特员工的孩子在学校会被欺负。我们甚至不能在工作中不经意地提到公司的名字。在此之前，我还经常说“我是利库路特的藤原”，但当时做自我介绍时只说“我是藤原”。只有在对方追问我的公司时，我才会加上“我是利库路特的”。无论和谁见面，我总觉得自己被对方指责和质疑。

另一方面，我们不知道自己参与了贿赂，也没有做什么错事。我们的许多员工都为自己的工作感到自豪，所以我觉得“少数人的行为伤害了我们所热爱的公司”。

作为公司的中坚力量，我燃起了“保护受损的公司声誉、刚入职的年轻员工和我们培育起来的业务”的斗志。我必须在前线指挥，所以在某一时刻，我在利库路特继续工作的决心已经不再动摇。

事实上，正是在这个时期，许多利库路特人的身上形成了一种新的意识。

虽然利库路特公司已经被彻底打垮了，但一直以来以主人翁身份独自行动的人团结起来，客户和读者并没有离我们而去。这是因为每个业务员都不依靠公司的招牌，而是直接面对顾客和社会。

特别是经理层的人，保护了他们个人的信誉。他们主动思考和行动，而不是等待公司的命令，使公司避免了一场空前的危机。通过这一经历，甚至以前更多的是“隶属组织的员工”也被唤醒为“组织内的个体”。

第二个事件是“大荣冲击”。在利库路特事件发生后不到五年，我们就被并入大荣集团，这对员工来说是不可思议的。

大荣的收购对利库路特员工来说是一个很大的冲击。员工一直在努力继续创造在其他地方就不可能有的工作表现。有人担心我们的独立性和自主权会受到此次收购的侵犯。

因此，大荣公司采取了尊重利库路特企业文化的策略。然而，冲击并没有轻易地安定下来。事实上，在幕后，包括我在内的 30 多岁的部门经理和副经理们发起了“悄悄的反抗”。我们在如何保持自主权并超越上级领导框定的业务范围方面，都或明或暗地有所行动。（这种情况的细节在《利库路特的奇迹》中有所描述。）

这两起事件让许多利库路特员工感到，为了得到客户和读者的认可，必须靠自己去竞争，而不是依靠公司品牌。大家都在问："我是谁？我能做什么？"

每个人都会被追问这个基本问题，并由自己重新定义问题的答案。

这些人形成了一种作为"组织中的个体"的感觉，也就是虽然身在组织之中，但仍然有明确的个人主体意识。

20 构建公司和个人的新关系

如何找到只有我才能做的工作

1996年，我离开了工作了18年的利库路特公司，并以研究员的身份签署了一份专业合作协议。研究员是指离开公司，以与公司平等的身份加入一个新的合资企业的个人，也被称为“访问雇员”，其社会身份是自营职业者。

他们没有权力和保障，也不受公司的时间约束。

事实上，公司有一个机制，即“当你成为一名经理时，你就不能再做你想做的工作”。这是因为你的时间被以下三项工作占据。

（1）业务招待和指导下属，其中包括内部应酬的时间。

（2）评估下属和处理人事问题，其中包括与下属喝酒的时间。

（3）会议及会外沟通，这包括与相关部门进行内部协调的时间。

我把这些事务称为“SSK”，它代表招待（Settai）、评估（Satei）和会议（Kaigi）。事实上，如果你看一下主任级别的时间表，有些人处理SSK事务的比例甚至达到90%。

你的工作做得越好，职位就越高，但是职位越高，就必须花更多的时间在SSK上，这意味着你没有时间去追求自己想做的事情。你可能在主持会议方面变得更好，但在工作中却变得越来越没有效率。这就是工作和组织的悖论。

离开利库路特时，我刚刚40岁，有三个孩子，所以很多人问我：“你在经济上有这么大压力时，为什么要冒这样的风险？”

但其实这个问题本身很奇怪。因为我意识到工作和组织的悖论，留在公司里的风险反而更大。我会停留在自己很了不起的幻觉中，到我退休时，我将成为一个不被外界接受的人。这种风险要大得多。或者说，选择留在公司的人只是把风险推迟到20年后。那么，我想还不如趁着现在冒着风险继续前进。

转为研究员就是我基于这种想法所采取的行动。

研究员不用招待客人，没有下属，不参加会议。与同事一起工作时，他们提供指导和支持，但他们不进行人事审查。我只从政策制定的角度向管理层反馈项目进展，所以我不需要参加会议汇报工作。

当我是部门主管时，每天花大约 10 个小时在 SSK 事务上，所以只有一两个小时的时间做我认为有价值的工作。

然而，当我不再做 SSK 时，两个小时就足以做好工作。在短短的两个小时里，我的产出和过去 12 个小时一样，我的生产力也上升了。

我想警告那些想在组织中成为大人物的精英人士，他们不但无法获得权力，反而会失去真正的“工作”，不但没有支配更大的预算，反而会失去“自由”。同时，如果你有准备和意识，我想推荐“研究员”的工作方式，这将让你的身心自由。

成为一名研究员，我获得了自由，而不是放弃了权力和安全。这背后的驱动力是一种强烈的意愿，即继续做只有我才能做的工作。这在本质上和手冢治虫的遗嘱的精神是一样的。

一旦成为研究员，你作为个人要承担的风险不可避免地增加了。然而，你可以将宝贵的时间再投资于工作，也可以将其用于家庭，或将其用于另一种生活，比如，为你的社区作出贡献。这是一个相当有吸引力的选择，你不觉得吗？

争取在组织内自谋职业

当你成为一名研究员，你表面上是在为一个组织工作，但实际上在为自己工作。如果你不准备轻易地尝试成为研究员，你应该首先考虑如何在组织内以创业者的方式做事。

这个形象是指专业人士，如律师、会计师、护理人员和儿童保育员。他们可能深度介入公司内部或作为组织的一部分工作，但每个人都是一个独立的个体，他们自己拥有国家职业资格证。

他们的独特之处在于，他们拥有普通办公人员不具备的杰出的技能、知识和经验。为此，他们通过学习和在职培训积累经验，并作为领域的专家而行动。

这意味着，要想成为一个组织内的创业者，就必须有专门的技能，这需要大量的练习。

如果某些技能可以让你与组织建立平等的关系，你可以与公司谈判，获得一种独有的工作方式。例如，诺贝尔化学奖获得者田中耕一经常拒绝晋升的提议。在获得诺贝尔奖后，他仍然担任着与年龄不相称的主任职务。之后，他要求继续钻研这个领域，因此公司建立了一个名为“研究员”的新职位体系，允许他继续留在这个领域并提高了他的福利待遇。田中先生拒绝了高管职位的邀请，选择继续做高级研究员。

这些例子看似仅限于工程领域，但同样适用于销售人员。事实上，在美国，表现出色的销售人员拒绝晋升的情况并不少见。

对这种人说："我希望你能成为一名经理。"他们只会回复："我想继续维持一定水平的业绩，所以我不会接受晋升。请提高我的年薪"或者提出"我希望每个月有一半的时间能直接从家去见客户"之类的要求。如果部门的整体业绩恶化，管理层很容易被替换，但公司很难辞退那些与客户关系良好的销售人员。

无论如何，任何类型的工作都有可能成为自营职业者。我希望生活在未来的读者能够意识到这种工作方式很"酷"。

在我担任和田中学校长期间（2003年4月至2008年3月），我积极抽出时间与当地工匠和自营职业者交谈。榻榻米制造商、园丁、汽车修理师、海带生产商、建筑公司总裁、荞麦面店老板、拉面店老板、日本刀磨刀师、酒吧女服务员……他们都是聪明人。

日本在世界上可以引以为豪的不是政治家或总裁。我从心底感到，正是这些在街头营生的人可以让日本自豪。如果你给他们做一个测试，这些人的记忆能力的平均分可能没有工薪阶层高。然而，这只是说明他们的智力并不表现在这些方面。比如说，他们能立即对谈话的实质做出反应，他们不爱挑别人的毛病，如果你拜托他们做一些事，他们会立即准确地做到。他们很聪明，很会举一反三。

这些人不依靠头衔，每个人都有很强的性格特点。和这些人相比，那些委身于组织的人毫无魅力。

请别误解我，我不是说做一个职场人有什么错。相反，我是说，没有比在公司磨炼技能更好的地方了。公司是个人最好的训练场（商业学校）。

不好的是什么事情都要依赖公司的力量的心态。与其倚靠公司，不如利用公司积累自己的资产，找到在公司内经营自己事业的感觉。

如果你作为一个职场人想要提高自己，你可以选择成为一个品牌。如果个人成名了，公司作为培养了这一品牌的地方也会受益。没有什么比公司和个人能够形成真正意义上的平等关系更令人高兴的事情了。

出于这个原因，你应该争取在你的组织内创业。

想象一下。如果你坐在酒吧柜台前，右边的人是一个园丁，左边的人是一个榻榻米制造商，你会有什么样的对话？如果你说，“我在××贸易公司工作”，对方不会有丝毫兴趣。你会如何向他们解释你的独特技能？谈话会不会很生动有趣？如果你是一个可以和他们一起喝酒的人，那么你可能已经是组织中的一个创业者。

你是一个职场人、创业者还是寄业家？

我把企业和个人之间的关系分为三类："职场人""创业者""寄业家"。"职场人"是一个典型的企业雇员。他们可以被认为是成长型社会的工薪阶层。他们对自己的企业很忠诚，根据企业的安排调职和晋升，有些甚至能进入管理团队。有些人可能会离开企业或中途换工作。"创业者"是指自己创建新组织的企业家。利库路特的很多员工都属于这种类型，他们利用自己掌握的技术和人脉，建立全新的企业。这需要极高的活力和才能，并承担很大的风险，因此从总体上看，这种人的数量很有限。

最后一个词语"寄业家"可能对你来说很陌生。它指的是与组织合作的个人，虽然依靠组织，但他们并不是"背靠大树好乘凉"的人。在欧洲，这些人被称为自主职业者，与"自营职业者"的感觉相似。我认为专业人士、报纸记者和电视导演也有寄业家的品质。这是一种既能够突出个人形象，同时又能留在组织中的工作方式。

为了唤醒企业内的个人潜力，重要的是找到一个企业和个人都接受的领域，也就是"支点"。

下一页的图表说明了这一点。如果企业拥有的力量是"C 向量"，个人拥有的力量是"I 向量"，那么一个人如果只是在

未来企业和个人的关系是怎样的

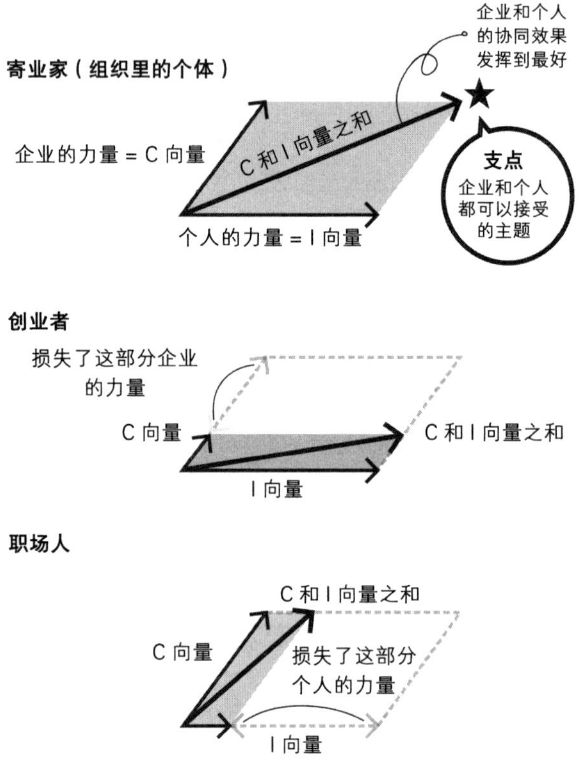

C 向量上来回移动，被调职或晋升，他就是一个职场人。他们希望可以升到顶层，但当然也可以坠入底层。

在旧的“护航团队”式的企业中，不用自己思考，跟随企业在“C 向量”前进就可以了。但在今天，由于业务重组和集中，C 向量本身已经很弱小了。试图在这个方向出人头地的策略是一个成功概率很低的赌局。

另一方面，那些属于一个组织但只在 I 向量方向努力的人呢？婴儿潮一代经常提到的“我的家庭主义”，或者《钓鱼迷日记》中的滨崎的生活方式，即放下工作，全身心地投入自己的爱好中，这也有些令人不适。事实上，这样的风格很难长期维持。

那么，如何才能以一种既有利于公司又有利于个人的方式生活呢？首先，重要的是在有助于发展个性的行动和思考上花时间，努力发展 I 向量，并且要和 C 向量的方向不同。

当然，公司不会允许你这样做。要把个人的优势也用在工作中，也意味着 C 向量得到了尊重。两个向量所形成的平行四边形的对角线就是 C 和 I 向量之和。如果我们的目标是使两者之和最大化，那么公司和个人的能量都可以得到有效利用。在新时代，这种生活方式是可取的。

当然，这并不像听起来那么容易；这可能需要花费五年或十年追求。然而，如果你总是试图使公司和自己的向量之和最大化，总有一天，你会取得从未想过的结果。

如果你只做自己想做的事，就无法发挥与 C 向量的协同作用。了解组织的愿景和战略，然后在与之匹配的事情中寻找你想做的事，这将是让公司和个人都满意的“支点”。

然而，如果你没有找到支点，在错误的地方发力，就会很难成功。根据我的经验，找到支点的关键是以下三个条件：

（1）它应该是每个人都容易看到的（可见性）。

（2）它应该是自己非常想要做的事情（认同）。

（3）马上可以付诸实践，做出具体行动（行动主义）。

即使符合这三个条件的项目和行动，仍然要考虑根据外部环境变化不断调整。这就是作为组织内的个人的生活方式，即“康庄大道”。

第 5 部分

发挥社区力量，获得更多朋友

21　在婚姻中磨炼“向量匹配”技能

不是“成为”夫妻，而是“做”夫妻

将婚姻比作找工作的“婚姻活动”一词最近变得很流行。诚然，说自己虽然不能结婚但想结婚的人似乎在增加。

这并不令人惊讶。年功序列和终身雇佣的制度已经崩溃，男人的收入前景已经变得不确定。随着女性就业人数增加，她们也可以“独立生活”。价值观的改变以及“相亲”和“职场婚姻”的减少可能也是导致这一现象的因素。

我认为在某种意义上，“你不一定要结婚”。在结婚是“正确答案”的时代里，没有结婚的人，特别是女性，多多少少会受到歧视，但这是不对的。我认为，选择不结婚，追求个人理想的生活是非常美好的。

另外，我也不反对先尝试结婚，如果实在不合适就离婚的做法。我自己在30岁出头的时候就结婚了，并且婚姻能够持续下来。但认识妻子的契机也是一个偶然。我知道，第一次就遇到最合适的另一半是相当幸运的。

在美国，据说如果一个人经历了一两次婚姻，在40多岁时再婚之后就几乎不可能分手，这也是慢慢寻找伴侣的一种方式。总之，现在已经没有一个通用的婚姻解决方案。每个人都可以有不同的想法和选择。

但另一方面，我也意识到，维持一段婚姻可以训练你成为社会中的一员，丰富你的生活。

虽说是夫妇，但对方毕竟也是“别人”。婚姻是指两个以完全不同的方式长大的人通过契约成为“夫妇”。特别是当他们有了孩子之后，就会发现彼此成为“别人”。这是因为每个人都试图按照自己的方式抚养孩子，矛盾也随之而来。

解决这个问题的关键点是前文解释过的“向量匹配”。

在追求自己理想的生活方式的同时，你也必须尊重对方的生活方式，继续寻找双方都满意的点。没有这种向量的匹配，就不可能过上幸福的婚姻生活。

此外，人一直在变化。随着你的变化，你的伴侣也在变化。孩子出生，父母去世，家庭的组成也在迅速变化。所以你总是要注意“向量匹配”。与婚姻伴侣生活在一起意味着无休止的向量匹配。

这也表明，与其在寻找“正确答案”思想的指导下挑选伴侣，不如从“调整主义”出发，不断试错和调整。这种做法不会让你感觉更好吗？

恋人只看到对方最好的一面，寻找相互的共同点，所以很难全面了解对方的 I 向量，包括对方潜在的欲望。我们经常听到这样的说法：“对方从婚礼那天起就像变了一个人。”现实是，这种事情确实经常发生。

美满婚姻的关键是如何应对变化，在加强自己向量的同时，还要与对方的向量进行协调。要做到这一点，你必须首先认识到对方是“别人”。

在法国生活时，我惊讶地发现，大多数人，甚至是已婚夫妇，都有这样的意识：他们是彼此的“他者”。不管是当事人和社会都重视夫妻彼此都是完整个体。例如，如果一个丈夫试图在邮局取走妻子的包裹，就会遭到拒绝。只要不是本人，业务员就不会把包裹交给他。

因为认识到对方是“别人”，所以夫妻可以互相赞美。在这个意义上，表演技巧仍然很重要。扮演夫妇的过程就是“做”家人的过程。不是“成为”夫妻，而是“做”夫妻。

22 有一个家庭和工作以外的“第三空间”

“周六学堂”让和田中学的师生恢复活力

我被任命为和田中学校长时面临的第一个问题是学生在周一缺乏热情：气氛凝滞，孩子们反应迟钝，尽管这是一周的开始。

原因是孩子们的生活方式被两天的周末打乱了。周五晚上用来玩游戏，周六上午不是睡觉就是看电视。周六晚上和周日也是这种模式，这打乱了他们的生活节奏。事实上，周六有社团活动的孩子在周一来学校时精力充沛。因此，我开始思考，如果星期六也开放学校，可能会更好。

“如果我们在周六上午设立一个独立学习的地方，让学生们一起做作业或练习汉字，会怎么样？然而，如果把这一点强加给老师，那就太不好了。”我想到的办法是请那些想当老师的大学生来做志愿者。

这个项目从2004年1月开始试行，同年4月成为正式的“周六学堂”，到四年后我离开时，学生志愿者的人数已经增加到三四十人，学生人数超过100人。

通过将学生与当地志愿者和大学生等“教育资源”联系起来，在不给教学人员增加负担的情况下，师生的生活问题都得到了改善，和田中学也得以恢复其作为“学习社区”的形象。

创造“斜线关系”

我把像周六学堂这样的关系称为“斜线关系”。

亲子关系和师生关系是纵向关系，朋友是横向关系，而没有利益关系的第三方和孩子之间的关系是一种斜线关系。

本地社区顺畅运作时，附近总有一个哥哥，学生可以向他提问，还总有一个姐姐，学生可以向她倾诉心事。叔叔们的感觉也与父亲不同，这就是为什么孩子可以和叔叔们谈论许多事情。与学校和家里相比，社区的人之间保持着适度的距离，志愿者的态度很好，宽容度很高。今天的绝大多数孩子都缺乏这样的斜线关系。

事实上，斜线关系对成年人也很重要。例如，当前大阪府知事桥下彻邀请我做他的特别顾问时，我宣布："我一定会在 6 个月内做出成绩，并且不需要任何报酬。"这让我周围的人都感到惊讶。

如果我接受报酬，就会不可避免地形成一种垂直关系。改革是痛苦的，而且会有很大阻力。在这种时候，我无偿工作更有说服力。这也是一种斜线关系。

矛盾的是，无利害关系的第三方给个人带来巨大利益的情况并不少见。

例如，你可能认为在学校做志愿者不会赚一分钱，但它极有可能在十年后成为一项巨大的资产。如果你想为下一个时代准备好武器，就必须到一个可以训练自己的地方，即使要为此付出代价。

我们组织改造和田中学的图书馆就是这种情况。我们必须处理掉没人看的书，用孩子们想看的书来取代它们，并改造硬件，使其更方便使用。这是个比我的想象大得多的项目。

我从规划阶段就请赤木康子女士作为监督员参与其中。她是一个有魅力的人，遍访了全国各地的公共图书馆，在创建有吸引力的图书馆方面拥有丰富的专业知识。

项目开始后，学生、家长、当地的爱书人和以赤木女士为导师的专业图书馆员们都帮助我。我尤其被那些自愿参与项目的图书馆员所折服。他们都有很高的觉悟，认为和赤木女士一起工作是一次独特的培训机会，可以提高他们作为图书馆员的专业水平。

来自广岛的图书馆员们花了三天三夜，沉浸在和赤木女士一起的工作中。当然，他们没有任何报酬。相反，所有的交通和餐饮都是由他们个人负担的。然而，这不是自我牺牲，而是一种投资自己的行为。这是一项令人耳目一新的工作，一切都起源于斜线关系。

周六学堂也不例外，学校每次只向志愿者支付 1000 至 2000 日元的交通费。例如，对于从横滨来的志愿者来说，这些补助还不够支付往返的交通费。

即便如此，他们还是带着自我提升的意识参加了活动，因为这是一个难得的机会，可以现场回答初中生的问题。这对于立志成为老师的他们来说是一个好机会，我相信他们的投资得到了足够的回报。

请不要认为这些有偿或无偿服务的志愿者仅仅是做自我牺牲。我希望他们能积极建立起斜线关系，借此训练自己。

23 关键是激励技能和战略行动力

激励技能和战略行动力对于推进项目非常重要

在推进一个项目时，独自做事情不可避免地有局限性。你也许可以成为一个政治家，用权力命令人，或者成为一个企业家，用金钱的力量诱惑人，但如果你不做这样的选择，你就必须重视你与他人的网络。我称之为“连接的力量”。

为了与人合作并取得好的成果，必须让他们对与你合作感到满意。每个人都希望别人按照自己的想法工作，但对方也有自己的想法。

这就是你和对方的向量匹配很重要的原因。总有一个支点，可以让你的方案和对方的方案达成平衡。你需要做的就是找出它。

角色扮演的技巧在向量匹配中很重要。把自己放在对方的位置上，想一想他们的处境。我向第一次见面的人询问他们的生活故事，就是为了找出对他们来说最重要的东西，也是为了了解他们的处境。

每个人的处境因其职位和工作头衔不同而有很大差异。许多职场人在工作中都希望得到更多的报酬或晋升，当他们嗅到晋升的气息时，会突然对工作充满热情，这种情况并不罕见。

相比之下，学校教师不容易被金钱打动。首先，校长无权决定教师工资的高低，只有不到 10% 的教师认为自己将来想晋升为校长或主任。因此，你必须了解教师个人的情况。他们在课堂上究竟有什么问题？了解他们真正想教给学生什么知识很重要。

例如，一个遵循日本文部省教学指南的日语教师，真实的想法可能是想更深入地教授古典文学作品，或者也可能想在书法教学方面做得更好。我一接任校长，就和每位教师进行了详细的谈话，至少是三次。这是因为他们不可能一开始就告诉你自己的真实想法。

许多人往往在到了更高的位置后就不再听取下属的意见，认为下属应该好好听自己的话，但事实恰恰相反。

不要上来就劝说他们，而是让他们好好思考。这就是激励人的要点。

在最短的时间内找到支点，用最小的力量撬动它

战略行动力的关键是找到支点。

如果没有战略行动力，就要四面出击，尝试解决所有问题。当然，如果你能花费尽可能多的预算和时间，你就不需要采取战略性的行动。你可以不停地按下每个你想按的按钮，直到得到满意的回应。

但是，大多数项目的预算和时间都是有限的，因此，知道在哪里集中精力是很重要的。为了从最小的努力中获得最大的收益，你需要应用杠杆。

那么，如何应用杠杆呢？请让我用和田中学的例子解释。

在我接手之前，学校里最封闭的地方是校长办公室。任何一所初中都是一样的，不仅仅是和田中学这样。这就是为什么我认为这是一个支点。

我宣布："从今天起，我将开放校长办公室。"从开学典礼的第一天起就把门打开。如果有学生问我能不能进来，我会同意，他们可以坐在我身边看漫画书，即使我正在和访客聊天。

一开始，访客会感到惊讶。在某种程度上，看到初中生越来越多地走进校长办公室，这是一种奇怪的景象。这向外界传递了和田中学正在采取有趣的举措的消息。

就传话而言，学校里的消息传播得更快。进入校长办公室

的学生自然会听到我在谈论什么，所以当他们回到教室时，会告诉他们的朋友："校长刚才在谈论这个问题。"当我与教师交谈时，我基本上是表扬他们，所以内容很快就传给了学生们。

消息自然也会传到家长那里。事实上，我开放校长办公室的事很快就从学生传到了家长。从来没有一个校长办公室可以让学生随意进出并阅读漫画，所以这一定是家长之间的一个好话题。这正是我想要的效果。

相反，学校的传话方式同样有杠杆，坏消息也会迅速传播，学校的声誉也会一落千丈。在思考使用杠杆时，要非常小心这一点。

后新冠疫情时代的生存杠杆

我正试图在日本掀起一场教育革命。当然，个人的力量是有限的。如果我要与旧权威全面开战，我会被压倒性的力量击垮。这就是为什么我必须利用杠杆。

我担任大阪府教育委员会的特别顾问的契机是接受了前知事桥下的邀请，但我也有自己的目的。这是因为，我可以与来自全国各地的教育委员会的人交谈。谈到大阪的话题时，他们都不约而同地说："那里的情况绝不会改变。"如果我能让大阪做出改变，其他地区也肯定会跟着变。我已经找到了撬动整个国家的支点。

我认为在生活中使用杠杆也是很重要的。首先，要以“不尝试就不知道”的姿态尝试一切。通过试错，如果你认为“这是一个正确的支点”，就应该全力以赴。

房地产是杠杆的日子已经过去了。那么，今后的支点是什么？

如果你一直读到最后，你可能已经注意到了。新的支点是关于“人”、“故事”以及“人与人之间的关系”。正是因为我们将“各自精彩”，与他人的联系才将成为我们的杠杆。

我希望面向未来的读者能够不断提高自己，建立一个了不起的有机的网络改变世界。这就是我对你们的期望。

35 岁的学习力地图

从寻找“正确答案”的时代（左）

信息处理力

IEA 考察的 TIMSS 型学习力
在成长型社会，阅读、写作和数学等基础学习能力很受重视
公众对学习力的普遍看法是得出“正确答案 ”的能力
如果是填空题考试，可以用正确答案的百分比表示学习力
芬兰自 1999 年以来没有参加过此类测试
考察的是记忆正确答案的能力、大脑反应速度、尽可能多地记住一些关键信息的能力

20 世纪成长型社会

大家一样

被动地直接吸收信息

能快速进行计算
能够记住大量的汉字
哥伦布发现美洲大陆是哪一年?（1492 年）
镰仓幕府建立是哪一年?（1192 年）
在墙壁上涂鸦是不好的
模式识别（思考流于肤浅）
将电视和报纸的报道信以为真

被动地直接吸收信息

便利店是必不可少的，因为它们很方便
接二连三地购买新产品
买环保产品是为了环保
买保险是因为推销员推荐
不需要的东西就直接扔掉
解决问题总是要花钱的
辞掉这份工作是因为它不适合我
每天吃快餐或用微波炉热饭
写博客只是为了自言自语
生活中只是一个消费者
• • •

寻找“正确答案”

拼图型学习力

到依靠“调整主义”生存的时代（右）

信息编辑力

经济合作与发展组织考察的 PISA 型学习力
成熟型社会中重视的学习力
在现实世界中应用知识的素养
衡量国际竞争力的“学术力”
找到“满意的解决方案”的能力
通过写作测试来评估
芬兰已经连续三次成为世界上表现最好的国家
通过试错找到符合实际情况的解决方案
考察的是头脑的灵活性
要看清各种要素和要素之间的关系

阅读文章、回答图形问题和理解图表的能力强
善于写文章
发现美洲后世界发生了什么变化?
镰仓幕府开始的武士社会与现在的相似之处是什么?
对墙上的涂鸦有自己的看法
可能有不同的看法（多视角思维）
参考别人的意见，构建自己的观点

21 世纪成熟型社会

各自精彩

批判性思维

享受便利的同时，思考我们失去了什么
小心地使用好的东西，明智地使用它们
制造环保产品会对环境产生什么影响?
利用互联网比较和研究自己的风险再买保险
在扔掉东西之前，寻找可能会使用它的人
在花钱之前，我们可以做什么?
这家公司是否也是“满意的解决方案”?
我能让这份工作更有趣、更有创意吗?
为了健康，能否改变基本生活方式?
看看冰箱里的东西，自己做饭
将你的网站与其他人的网站关联
像编辑一样生活（生活是一本书）
• • •

乐高型学习力

依靠“调整主义”

图书在版编目（CIP）数据

35岁不焦虑手册 ：跨越35岁职场门槛的底层逻辑 / (日) 藤原和博著 ；徐晗译. -- 北京 ：民主与建设出版社，2025. 8. -- ISBN 978-7-5139-4906-4

Ⅰ. C913.2-49

中国国家版本馆CIP数据核字第2025XC5957号

35岁不焦虑手册：跨越35岁职场门槛的底层逻辑
35 SUI BU JIAOLÜ SHOUCE: KUAYUE 35 SUI ZHICHANG MENKAN DE DICENG LUOJI

著　　者	［日］藤原和博
译　　者	徐　晗
责任编辑	王　颂
特约编辑	王晓辉
封面设计	墨白空间・黄怡祯
出版发行	民主与建设出版社有限责任公司
电　　话	（010）59417749　59419778
社　　址	北京市朝阳区宏泰东街远洋万和南区伍号公馆 4 层
邮　　编	100102
印　　刷	天津中印联印务有限公司
版　　次	2025 年 8 月第 1 版
印　　次	2025 年 8 月第 1 次印刷
开　　本	880 毫米 × 1194 毫米　1/32
印　　张	5.75
字　　数	104 千字
书　　号	ISBN 978-7-5139-4906-4
定　　价	56.00 元

注：如有印、装质量问题，请与出版社联系。